MARK
麦客文化

U0331365

掌中瑰宝

鼻烟壶珍品鉴赏

Treasure
in Palm

The Collection
of Chinese Snuff Bottles

金 涌 著

化学工业出版社
·北京·

图书在版编目(CIP)数据

掌中瑰宝：鼻烟壶珍品鉴赏 / 金涌著.
—北京：化学工业出版社，2019.10
ISBN 978-7-122-35135-7

Ⅰ.①掌… Ⅱ.①金… Ⅲ.①鼻烟壶-鉴赏-中国
Ⅳ.①K875.2

中国版本图书馆CIP数据核字（2019）第192893号

责任编辑：温建斌　宋向雁　龚风光　　装帧设计：尹琳琳
责任校对：王素芹　　　　　　　　　　图片摄影：韩　郸

出版发行：化学工业出版社
　　　　　（北京市东城区青年湖南街13号　邮政编码100011）
印　　装：北京东方宝隆印刷有限公司
710mm×1000mm　1/16　印张21　字数233千字
2020年1月北京第1版第1次印刷

购书咨询：010－64518888　　售后服务：010－64518899
网　　址：http://www.cip.com.cn
凡购买本书，如有缺损质量问题，本社销售中心负责调换。

定　　价：298.00元　　　　　　版权所有　违者必究

前言

鼻烟壶追溯其本源，仅为一种奢侈消费品的包装容器，经三四百年的演变至今，虽然其包装的消费品本身（鼻烟）早已从社会中淡出，以致销声匿迹，但鼻烟壶仍作为一种艺术文玩被广泛珍藏，竟成为拍卖会上的宠儿。这种现象不仅罕见，也可以说是绝无仅有。探究其原因大致为：初曾被皇帝、贵族、官吏、文人所喜爱，认为是一种雅好，工艺十分精致，在皇宫内设立造办处，不惜工本。皇帝本人奖励优秀作品，亲自参与审定且常常把玩于手，在节日、庆典前大量制造，赏赐给属臣，受赏者无不奉为莫大的恩宠，在人前夸耀显示，所以很快成为上层阶级普遍的爱好。

由于皇帝高官喜好，下级官员便百般收集有地方特色、用贵重材质、制造奇巧的鼻烟壶，作为取悦上级、求取晋升的敲门砖。所以使民间制造鼻烟壶的技术不断提升，出现如内画鼻烟壶等许多新品种。

鼻烟壶也成为上层社会官员、文人墨客作为交谊攀谈的由头。如朋友之间相互敬奉鼻烟的时候，可以欣赏彼此的鼻烟壶，很容易找到谈资，拉近彼此的距离，所以在交际场中的人士绝不可仅有几只高档鼻烟壶而满足。为了次次见面有惊喜，必须准备多个品种，如曾有人初一见面，拿出来的是画有

一只喜鹊的鼻烟壶，初二、初三日见面，则持有的是画有二只、三只喜鹊的鼻烟壶，这样的变化持续到月底，就要准备 30 个系列鼻烟壶。鼻烟的嗜好逐渐传播于市井，更促进鼻烟壶的民间制造、流通，需求旺盛成了推动品种求新探奇的动力。

鼻烟和包装的容器本来自欧美，欧美人对鼻烟壶本不陌生，但看到中国用各种材质、多种工艺制造精美绝伦的鼻烟壶无不喜爱，对于一些特殊工艺制造的如匏器鼻烟壶和内画鼻烟壶感到新奇震惊，所以清末民国时期大量优质鼻烟壶流向海外。国外出现许多鼻烟壶大藏家，他们出版专著，成立鼻烟壶收藏协会，顶级鼻烟壶拍卖成交也多在海外进行，而国内早期清代精品鼻烟壶反而难得一见。反映中国能工巧匠的杰作应展示给大家，可见在一个复杂的社会现象下，成就并传承中国文化和多种精美工艺技术且成为在掌上把玩的艺术瑰宝，应予以广泛弘扬。

鼻烟壶收藏入门门槛较低，各种档次的品种差别较大，一般低档商品价格为几十元，而在香港邦瀚斯秋拍会上柯佐融的瓷胎画珐琅葫芦形鼻烟壶（乾隆年制）以 838 万元落锤。2011 年同一秋拍会上一件乾隆年制玻璃胎画珐琅西洋仕女鼻烟壶成交价为 2530 万港元，刷新了当时中国鼻烟壶拍卖世界纪录。2011 年中国嘉德拍卖一件铜胎画珐琅鼻烟壶，两面各绘一欧洲仕女，人物线条流畅，色彩柔和绚丽，成交价为 782 万元人民币。由于大量精品鼻烟壶流失海外，国内精品鼻烟壶难求，甚至难窥真容。为了便于读者见到不同水平的作品，本书妍媸兼收，共录 400 余枚鼻烟壶，以便读者在比较中识优劣。

笔者家庭为北京旗人，父辈亲朋都曾有若干鼻烟壶旧藏，新中国成立后都视为无用之物，虽然有些优美鼻烟壶传说是出自宫廷、王府，但到了"文革"期间成了"破四旧"的对象，弃之唯恐不及。改革开放初期，知本人有此癖好，纷纷相赠，所以以弃物收集之，初作敝帚自珍，有了初步收藏，其后出入摊贩店铺、博物馆等，经三四十年逐渐积累，也小有所成，其中不仅材质、工艺、品类繁多，也不乏世间珍品，遂沉迷于此。论其藏品，必要真伪之辨，纵观天府珍秘，各家馆藏，不免瑕瑜互见，吾辈拾坠抱遗，遇敝帚而自珍，乃书生积习，不因诸管窥各异而兴废，聚集呈世，留待后人赏娱。在弘扬中国传统文化、彰显工匠精神的今天，特汇集成册，以飨同道。

　　根据所藏鼻烟壶的品质优劣，笔者粗略分类，标出等级，供读者参考。

● ● ● ● ● ●　罕见珍品
● ● ● ● ● ○　特别推荐欣赏
● ● ● ● ○ ○　推荐欣赏
● ● ● ○ ○ ○　推荐重点关注
● ● ○ ○ ○ ○　推荐关注
● ○ ○ ○ ○ ○　一般关注

目 录

目录

目 录

引言

16世纪初，哥伦布第二次抵达美洲大陆，发现美洲人种植、食用烟草，作为提神醒脑、去瘟除病的手段，用法是如槟榔在口中咀嚼，随即将烟草种植技术和食用方法传播到了欧洲。欧洲上流社会认为嚼食烟草行为不雅，可能引发口腔癌症，所以改把烟草烘烤，磨成细粉，添加冰片、麝香、玫瑰、檀香等各种香料发酵，再密封于蜡丸中陈化，经数年至数十年后，改使用吸闻方式，味道可是酸、膻、糊、豆、甜等数种，认为是一种高雅嗜好，并深受王公贵族青睐。

烟草经日本或由欧洲教会在16世纪传入中国，17世纪明代中国福建已有烟草种植，1738年崇祯皇帝曾下令禁烟草，但未能认真执行。据资料记载，康熙二十三年（1684）皇帝首次南巡时，在江宁（南京）接见西方传教士毕嘉和汪儒望时，二人把从西方带来的珍贵礼物献给皇帝，其中就有鼻烟。鼻烟首先在皇室和大臣中流行，18世纪后扩散到民间，认为鼻烟能发汗、镇痛、防感冒等。王士祯《香祖笔记》一书写于康熙癸未（1703）、甲申（1704）年间，记载说"今世公卿士大夫下逮舆隶妇女，无不嗜烟草者，田家种之连畛，颇获厚利"，1943年赵汝珍在《古玩指南》中写道："无论贫富贵贱无不好之，有类于饮食睡眠，不可一日缺其事。几视为第二生命，可一日无米面，而不可一日无鼻烟。"所叙难免有夸张之嫌，但可见有一部分人已上瘾，鼻烟已盛行于世。

人们认为闻鼻烟姿态优雅，逐渐成为一种社交媒介，宾主之间可相互敬奉自己口味的鼻烟，并欣赏彼此的鼻烟壶，作为社交谈资。鼻烟壶渐成为取宠皇帝、巴结权贵、夸财逗富、显示身份的物件，所以一个人收藏的鼻烟壶可有数十、数百个之多。

欧洲人把鼻烟生产流通时放入大玻璃瓶，中国人称大金花，小金花，在分装、携带、食用时放入鼻烟盒内。在中国认为容易使烟草洒落、受潮、结块、香气挥发等，不如用小瓶装更为方便，便将小瓶称之为鼻烟壶。

大量鼻烟壶的制造，始于康熙三十五年（1696）清宫成立宫办玻璃厂，特别是清雍正（1723—1735）、乾隆（1736—1795）达鼎盛时期，宫廷设立"造办处"和"御窑厂"等御用生产作坊。王士禛在《香祖笔记》中写道，鼻烟"以玻璃为瓶储之，瓶形象，种种不一，颜色亦具红、黄、紫、白、黑、绿诸色，白如水晶、红如火齐、极可爱玩"。鼻烟壶的日常设计生产常有皇帝过问，在"万寿""元旦""端午"三大节日，还要精造一批鼻烟壶，以备皇帝赏赐之用，如乾隆二十年（1755）在承德避暑山庄赏赐群臣，一次生产鼻烟壶 500 件。各地官员也争把本地特产烟壶进贡给皇帝，由此可见鼻烟壶生产量大，民间对鼻烟壶的广泛使用，也加速了鼻烟壶的发展。据《养心殿造办处》记载，雍正三年"由总管太监张起麟呈交"，雍正传旨"尔等照此鼻烟壶画下样来，嗣后如做鼻烟壶照此样烧造"可见宫廷鼻烟壶，皇帝已亲自参与并审定督造。

乾隆年间，无论是鼻烟壶的种类、数量还是工艺水平，均已达到了最高峰，后世常称为"乾隆工"，精妙绝伦，视为典范。60 年内所制鼻烟壶无数，涵盖了所有材料和品种、式样，也无奇不有，色彩缤纷，除继承前朝品种外，还创造出掐丝珐琅、雕瓷、描金刻花玻璃、雕漆、竹木牙角等品种，风格从以前的淳朴简约向繁华高贵方向发展。

清朝皇帝喜爱鼻烟壶，也可在绘画中体现，如《道光帝喜溢秋庭图》，无论道光皇帝携后妃、子女在庭院中赏花嬉戏或手摇羽扇小憩，皇帝都手握鼻烟壶，悠然自得。

俗话说"上有所行，下必效之。"许多王公大臣纷纷效仿。嘉庆四年（1799）和坤府邸抄家发现有 2390 件鼻烟壶，可见一斑。

现存早期宫廷鼻烟壶为金属胎珐琅类、玻璃类、玉石类、牙角类等，装饰图案有花卉、花鸟、山水、人物、动物等，各种制法有画、刻、套雕、镶嵌等。

但到嘉庆（1796—1820）后，宫廷鼻烟壶制作从数量、质量来看，不断下降，精品减少，而民间鼻烟壶生产却如雨后春笋般不断发展，晚清民国初年创造出"内画鼻烟壶"，开创了一个新主流品种。虽然鼻烟已被淘汰了，但鼻烟壶的鉴赏绵延至今。

鼻烟壶的艺术水平在中国达到登峰造极，集中国绘画、书法、镶嵌、制瓷、琢磨、模造等传统技艺于方寸之间，世界一枝独秀，所采用的装饰，多有吉祥、富贵、长寿、仕途顺畅等寓意。鼻烟壶为中外人士所喜爱，在很长一段时间大量精品鼻烟壶流向国外，英、日、美等国都有很多有名的鼻烟壶收藏家，如美国的史密斯夫人、佩里夫人、卡姆曼博士、梅耶女士、奥德尔先生等，他们还出版了很多专著，如佩里夫人的《中国鼻烟壶——收藏家的学习和机遇》、史密斯夫人的《古代中国鼻烟壶藏品目录》，他们还创建了中国鼻烟壶收藏协会和举办专场拍卖会，如 1968 年美国的中国鼻烟壶协会衡量会员有 500 多人，新加坡牛车水鼻烟壶学会十分活跃。2011 年佳士得"小有洞天——J & J 鼻烟壶珍藏"专场拍卖会连创佳绩。近年来精品鼻烟壶有回流趋势。

鼻烟壶经过几百年来的演变，已成为中国工艺美学独特创造的缩影，它集外形优美，艺术表现力强，制造用材丰富，制造技艺精良，创意翻新等诸多优点于一体，尽管体积娇小，但方寸之间把微型艺术表现得淋漓尽致。鼻烟壶被称为"中国掌中瑰宝"当之无愧，在世界工艺美术界独树一帜。

1

瓷质鼻烟壶

　　清雍正乾隆时期御制瓷器、料器鼻烟壶的制作，是由宫里木作房先旋出木头模型，再由画作房画出图案草稿，此后送瓷器料器作烧制（后期则由景德镇御官窑完成）。画图的都是当时花鸟画名家，如雍正五年的翰林院庶吉士邹一桂，深得其岳父恽寿平没骨花鸟的技法真传，还有太子太傅兼宫廷画家蒋廷锡之子蒋浦和洋人郎世宁等。木模和画稿都要呈送皇帝过目钦定，所以反映了雍正、乾隆帝的爱好和艺术品味。

　　根据雍正年间内务府造办处《各作成做活计清档》记载，官窑此时不仅有9种与西洋彩相同的颜色，又新添有软白色、香色、藕荷色、松黄色等9种，还引入玻璃白乳浊样彩料。彩绘时先以玻璃白打底，施以颜料，再根据画稿用湿笔洗染。洗得越重的地方露白越多，反之则深，可形成一系列浓淡深浅色调，表现出向阳背阴、质地褶皱等光感变化，可使瓷画达到与纸画相近的效果，圆润与柔和相呼应，成就了一件件佳作。

初始代用瓷瓶及单色釉鼻烟壶

　　17 世纪鼻烟传入中国时采用玻璃瓶（称大金花、小金花等）输送和批发，使用时采用鼻烟盒分装携带。由于烟草香气容易散发和流失，受潮后结块变质，所以在中国开始采用瓶装，这有利于保存，使用时不易散落。鼻烟盒则被废止。

　　在清朝以前没有专用鼻烟壶制造的记载，多采用原有小药瓶或其他瓷瓶代用，当时贵重药品多用青花瓷瓶盛装。

瓷胎青花人物扁瓶式鼻烟壶（一对）

高：4.5cm，径：3.2cm

● ○ ○ ○ ○ ○

两个人物扁瓶，分别绘有舞者、神仙，
画风大胆随意，朴实，可能为药瓶改
作，民间制品，无款。

青花药瓶改用鼻烟壶

高：5.9cm，宽：3.3cm

● ● ○ ○ ○ ○

青花图案为送货的童子像，人物
神态形象生动。单色瓷出现很早，
唐代白瓷以邢窑最有名，陆羽称
之为"类银似雪"。青瓷以长沙
窑最为出名。

均窑瓷鼻烟壶

高：7.65cm，胸径：4.1cm

● ○ ○ ○ ○ ○

均釉单色小瓶改作鼻烟壶，用吹釉法施釉，
即用竹筒蒙上细纱布，蘸釉后用口吹，多于
17 ~ 18 遍，使釉层肥厚，呈晶莹玉质感。
有釉面下垂现象，故施半釉，下部露胎，在
鼻烟壶制作上完全体现。均釉瓷器很受大家
喜爱，有"家有千万，不如均窑一片"之说。

红釉葫芦形鼻烟壶

高：7cm，下部径：4.8cm

● ● ○ ○ ○ ○

铜红釉葫芦形小瓶，形态规整优美，
釉色莹润，但底足凹陷较浅，是注浆
式成胎。

冰裂纹釉鼻烟壶

高：5.1cm，肩宽：4.2cm

● ○ ○ ○ ○ ○

冰裂纹是一种比较少见的釉彩，似冰
裂、似云层，呈非均匀的美。

扁瓷喜鹊登梅鼻烟壶

高：5.4cm，肩宽：4cm

● ○ ○ ○ ○ ○

鼻烟壶呈扁圆形，有喜鹊登梅图案，
喜鹊象征仕途顺利，喜庆、吉利，
如"喜上眉梢"、"喜从天降"、
牛郎织女鹊桥相会的寓意。背面有
"清香"两字。红色梅花中栖一喜鹊，
虽粗但不俗。

仿均窑观音瓶式鼻烟壶

高：4.8cm，肩径：3cm

● ● ○ ○ ○ ○ ○

瓷质鼻烟壶呈浅青色，上肩部和下足部绘有类似均窑窑变彩。鼻烟壶体型小巧，清雅脱俗。瓷质鼻烟壶始造于康熙中期，初期多筒形，雍正至乾隆时期鼎盛，嘉庆后多仿前朝，传世数量和品种繁多。

哥釉小瓶改为鼻烟壶

高：4.95cm，直径：5.45cm

● ● ○ ○ ○ ○ ○

宋代哥窑小瓶，改成为鼻烟壶。哥窑为宋代四大名窑之一（近代有学者认为哥窑始于元代），特点是釉面大量开片（即龟裂），呈有金丝铁线之形态，也被认为是一种艺术美的表达。

仿木纹三足鼎式瓷质鼻烟壶

高：4.5cm，胸径：3.6cm

● ○ ○ ○ ○ ○

鼻烟壶为褐色仿木纹三足鬲式，形态奇特。青铜鬲式炊具始见于商殷朝时代，清早期曾用瓷器制成仿木纹鬲式器物，或称神木鬲。

梅瓶式芦均釉瓷鼻烟壶

高：7cm，肩颈：4cm

● ● ○ ○ ○ ○

芦均釉梅瓶式瓷鼻烟壶，肩部附卧龙形圆雕，造型生动，圆形底足，无款。

青花彩鼻烟壶

由于青花瓷在元代走向成熟（蒙古族宠爱蓝白两色），盛行于明清两代，为世人所喜爱，所以一直有大量青花瓷鼻烟壶面世，成为主流。

青花瓷系采用氧化钴为着色元素，在瓷胎上描绘图画，再罩以透明釉，以高温烧成白底蓝花，为釉下着彩，十分绮丽高雅。

橄榄形青花人物鼻烟壶

高：6.8cm，径：3.6cm

● ● ○ ○ ○ ○ ○

绘有四个女性人物，形态各异，笔法简洁，生动活泼。底款"康熙年制"。

青花色扁壶形人物画鼻烟壶

高：7.5cm，径：7.0cm

● ○ ○ ○ ○ ○ ○

扁壶式青花鼻烟壶，一面绘
有三位老者观画，另一面绘
有两老翁对弈。底款为"乾
隆年制"，青花发色鲜艳，
应为民窑制品。

青花风景鼓腹鼻烟壶

高：6.3cm，腹径：3.5cm

● ○ ○ ○ ○ ○

这种鼓形胎体造型的瓷器很少见到，
面画山水风景连续流畅。

青花火锅形鼻烟壶

高：6.7cm，径：5.45cm

● ○ ○ ○ ○ ○

鼻烟壶外形模仿涮肉用的火锅，图面
为狮子与绣球。底款"乾隆年制"。

青花筒形刀马人物鼻烟壶

高：7.4cm，径：2.9cm

● ○ ○ ○ ○ ○

筒形鼻烟壶又称爆竹形，是较早出现
的一类鼻烟壶，刀马人物画片是较高
档的一种花样，但比较粗放，为民窑
产品。底款"光绪年制"。

开片釉上贴青花加紫鼻烟壶

高：7.4cm，肩径：4.3cm

● ○ ○ ○ ○ ○

青花加紫是一种两次入窑烧成的品
种，先用钴料画青花高温烧成，再用
铜料加紫色图案二次入窑烧成。底款
"玩玉"，"玩玉"为乾隆朝私款。

青花加紫刀马故事鼻烟壶

高：8.45cm，径：3.8cm

● ○ ○ ○ ○ ○

本品是青花加紫又是刀马人物故事图
片，为民窑粗品。底款"若深珍藏"。
"若深珍藏"见于康熙朝年款。

青花加紫圆筒形鼻烟壶

高：8.6cm，径：3.5cm

● ● ○ ○ ○ ○

鼻烟壶上绘有牛郎织女鹊桥
相会图，有耕牛和缭绕的祥
云，画风大胆朴实，底款为
"雍正年制"，应为民窑制品。

青花长颈鼻烟壶

高：6.85cm，底径：4.3cm

● ● ○ ○ ○ ○

绘有青花缠枝莲纹，青花发色艳丽沉稳，画工精细，典型大器小作制品。底款"大清康熙年制"。

青花圆柱形鼻烟壶

高：6cm，径：1.8cm

● ○ ○ ○ ○ ○

鼻烟壶为青花缠枝莲圆柱形，颜色深蓝，圈足底款为"益德成制"方章款，肩部绘回纹、瓶体小巧。"益德成"在北京经营鼻烟及烟壶已有三百多年，至今仍有销售。

青花加紫伯牙琴友图筒形鼻烟壶

高：6.2cm，径：2cm

● ○ ○ ○ ○ ○

世传伯牙善操琴，而子期善品琴，两人即为挚友，后子期亡故，而伯牙不再操琴，是传统文化中崇尚友情的故事。圈足底款为"乾隆年制"。

青花加紫钟馗捉鬼图鼻烟壶

高：7cm，径：3.0cm

● ○ ○ ○ ○ ○

鼻烟壶为筒形，图画为钟馗嫁妹，民窑画风，大胆粗犷。圈足内款为"康熙年制"。钟馗传为唐代进士，因恨官场舞弊，死后成为文人主考驱鬼迎福之神。

青花加紫瓷鼻烟碟

高：1.0cm，径：4.2cm

● ○ ○ ○ ○ ○

瓷质鼻烟碟，一般在吸食鼻烟时，常把鼻烟从壶中取出，放在特制的小碟上，揉搓后送入鼻腔，所以鼻烟碟就成了烟壶的附件。鼻烟碟也拥有各种材质，各种形式的。鼻烟碟内画有故事人物图，其中一人似宣读圣旨，另一为官员跪听，并有两武士持仪仗站立。圈足内画"雍正年制"。

青花瓷鼻烟碟

直径：4.8cm

● ○ ○ ○ ○ ○

青花瓷烟碟，内绘荷叶水草纹，外圈呈人字纹，底有深圈足，无款，绘两层蓝圈。

花口青花鼻烟碟

直径：6.5cm

● ○ ○ ○ ○ ○

青花风景画面有树木、危岩、小桥、人物等，口沿为八瓣花口，圈足方章"福"字款，为当代制品。

青花加紫钟形人物瓷鼻烟壶

高：5.8cm，底径：3.8cm

● ○ ○ ○ ○ ○

鼻烟壶呈钟形，顶层绘一圈网形纹，中部周圈绘有两位高士对坐，弹琴品琴呈伯牙与钟子期意境，周围绘有树木、草地等，圆形圈足，内有叶形押记，应用民国民窑制品。

童子形青花彩绘瓷鼻烟壶

高：6.3cm

● ○ ○ ○ ○ ○

烟壶童子呈坐像，手执方孔钱形吉祥物，上书"吉祥如意"。衣服用白底青色描绘，底款为叶形花押，应为民国民窑制品。

粉彩瓷鼻烟壶

瓷器釉上彩可以分为硬彩和粉彩两大类。硬彩是在烧好的白瓷上用红、黄、绿、蓝、紫五种基本粉料绘画，再低温烘烤而成。硬彩约在明宣德年间出现，盛行于明代到清代，康熙时最负盛名，但图画没有过渡色，不表现器物光照阴阳面。粉彩是在烧好的白瓷上用"玻璃白"打底，粉彩料加铅粉晕染作画，再低温烘烤而成，色调淡雅柔和，可以有层次感，光照阴阳面过渡，雍正、乾隆时盛行，产品精致，为官窑、宫廷造办处所推崇。

细犬图鼻烟壶

高：6.4cm，宽：5cm

● ● ● ● ○ ○

清代宫廷西洋画师郎世宁等擅长画
犬、马，惟妙惟肖，本品所绘制犬
种为指示犬，专门为狩猎者搜寻猎
物的品种，时专为中外皇家狩猎用
犬，品种高贵。本品为西洋画法，
胎质细润，白净，有"乾隆年制"款，
疑为仿款制品。

铜红单色风景高士游春图鼻烟壶

高：6.1cm，径：5.35cm

● ● ● ● ○ ○

本品瓷胎细腻洁白，矾红单色粉彩
技法画成，清新淡雅，高贵而简朴，
十分罕见，非宫廷造办处所难达到
这种水准，有"乾隆年制"款。

粉彩婴戏图瓷鼻烟壶

高：5.6cm，宽：4.9cm

● ● ● ● ● ○

鼻烟壶中婴戏和读书画片在瓷器中属于高档产品，画工精细传神，胎质细腻，应出自宫廷造办处之手，有"乾隆年造"款识。

手机扫码 - 看视频
全方位欣赏鼻烟壶

粉彩山水全景鼻烟壶

高：6.4cm，底径：2.8cm

● ● ● ● ○ ○

胎质细腻洁白，画面画通景，有山
水、树木、宫殿等风景，细致入微，
器形独特罕见，属宫廷制造，有"道
光年制"款。

白胎粉彩松鹤梅瓶式鼻烟壶

高：6.2cm，肩径：3.4cm

● ● ○ ○ ○ ○

胎釉洁白温润，画面为松鹤图，文饰
高雅，仙鹤风度翩翩，有清高、纯洁、
长寿之喻，为鼻烟壶中的上品。款识
为"玩玉"（为乾隆朝民窑用款）。

瓷质仿铜胎开光鼻烟壶

高：6.05cm，径：4.2cm

● ● ● ○ ○ ○

清朝雍正、乾隆朝制作仿铜、木、漆
等材质的瓷质器皿十分成功，本品属
于此类，开光中用西洋画法作画，猎
兔犬也很传神。全器呈抱月瓶式。底
部有"乾隆年制"方章款。

粉彩山水通景莱菔式鼻烟壶

高：6.8cm，径：3.2cm

● ● ● ○ ○ ○

画片为山水、树木、楼台等通景，细
致生动，但胎体不够洁白细润，应属
清朝末期民窑产品，远逊于清朝早期
作品，有"光绪年制"款识。

粉彩花卉套装鼻烟壶

鼻烟壶高：5.15cm、径：3.8cm，小碗高：5.45cm、
径：4.1cm，合为一体高：8.95cm、径：4.1cm

● ● ● ● ○ ○

鼻烟壶与揉烟小碗的组合体，四
面开光花卉图，画法细致，描金，
彰显富贵华丽。清代末期产品，
底款"光绪年制"。

粉彩中段通体画骏马图鼻烟壶

高：6.4cm，径：3.65cm

● ● ● ● ○ ○

鼻烟壶上下端画百花不露底图片，中段环画骏马图，马匹为西洋画风，多处描金，为清中晚期产品，有"乾隆年制"款识。

粉彩通体风景画坛式鼻烟壶

高：5.0cm，上径：4.0cm

● ● ● ○ ○ ○

鼻烟壶呈坛形，中间金线分割，
口镶银颈，画片山水风景细致，
疑似晚清民初作品。

四面开光粉彩方形鼻烟壶

高：7.2cm，宽：3.2cm

● ● ● ○ ○ ○

鼻烟壶呈方形，其中两个侧面
绘彩色仕女像，另两个侧面为
蓝彩勾描画，颈部为珐琅蕉叶
纹饰。底款"乾隆御制"。

粉彩扁壶形兽纹鼻烟壶

高：6cm，腹径：5cm

● ● ● ● ○ ○

鼻烟壶呈扁圆形，一面绘有粉彩黑褐色站立状猎兔犬一只，另一面绘有粉彩白色卧态猎狐犬一只，动物生动传神，辅配绘有花草山石，颈部有如意头纹饰，椭圆底足书有"乾隆年制"珐琅款。

冬瓜式瓷鼻烟壶

高：6.2cm，径：4.15cm

● ● ● ○ ○ ○

鼻烟壶上画老梅树一枝，有"驿外断桥边，寂寞开无主"的禅意，清秀俊朗，虽然寥寥数笔，耐人回味。为文人画的典型。

古琴式瓷鼻烟壶

长：8.0cm，宽：3.0cm

● ● ○ ○ ○ ○

鼻烟壶为卧琴式，图画为雪景中的一只孤舟，有"独钓寒江雪"的意境，画面高雅，雪景是瓷板画中难得佳品，"许人"款。

太平万象纹瓷鼻烟壶

高：5.2cm，宽：4.9cm

● ● ○ ○ ○ ○

本品为"太平万象"的造型，施金彩描绘，有"一元复始，万象更新"之说。底款"乾隆年制"。

龙首形瓷鼻烟壶

长：6.8cm，径：3.6cm

● ● ○ ○ ○ ○

鼻烟壶造型独特，呈龙首形，施有金
彩，民国民窑制品。

山水纹梅瓶式瓷鼻烟壶

高：7.7cm，径：3.85cm

● ● ○ ○ ○ ○

鼻烟壶造型为梅瓶式，协调高雅，粉
彩纹饰细致，通体山水画片。有大器
小作之意。

八仙人物粉彩瓷鼻烟壶

高：7.0cm，径：4.0cm

● ● ○ ○ ○ ○

鼻烟壶的画面为韩湘子吹箫图，颈部、底部有如意纹或芭蕉叶纹饰。人物描金，生动传神，底款"乾隆年制"，为清末民初制品。应该是一套鼻烟壶之一。壶体另一面写有"湘子吹玉箫，一曲道义高"文字。

瓷胎雪景梅瓶式鼻烟壶

高：7.6cm，肩径：3.6cm

● ○ ○ ○ ○ ○

瓷胎鼻烟壶，画面为山川、树木、房屋、行舟、雪景，画工清朗，底款为"雍正御制"，应为民窑制品。

花鸟纹粉彩方形鼻烟壶

高：6.9cm，宽：2.55cm

● ● ○ ○ ○ ○

鼻烟壶方形，绘有牡丹和瑞鸟花纹，
描绘传神，底部有叶形图款。

红釉五彩方形鼻烟壶

高：7.25cm，宽：3.25cm

● ○ ○ ○ ○ ○

方形瓷瓶，造型有一定难度，有"一
方胜过十圆"的说法，画面为五彩
（硬彩）花鸟纹饰，底款"居仁堂制"，
为民国洪宪时款。

红釉抱月扁圆鼻烟壶

高：6.75cm，径：5.6cm

● ○ ○ ○ ○ ○

红釉画面为博古纹，绘有瓶、鼎、炉、
画卷等文房用品，为清代流行纹饰。

红釉彩抱月扁圆鼻烟壶

高：6.35cm，径：4.45cm

● ○ ○ ○ ○ ○

鼻烟壶的画面为山石花鸟图。通体红釉彰显喜庆。

三层转心球形鼻烟壶

高：6.2cm，径：4.8cm

● ○ ○ ○ ○ ○

第一、二层画有花草纹饰，第三层为秘戏画面，一般可视为长者赐予新婚夫妇，以求子嗣早得。为民国制品。

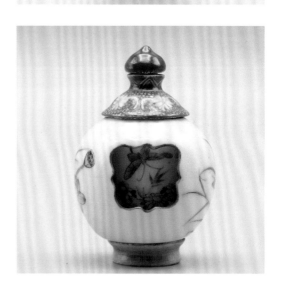

球形红釉龙凤纹鼻烟壶

球形高：6.6cm，直径：5.9cm

● ○ ○ ○ ○ ○

红色龙凤纹球形鼻烟壶，凸显新婚吉庆，或作婚姻贺礼，寓意团团圆圆，和和美美。

粉彩扁圆形蕉叶人物鼻烟壶

高：5.8cm，径：4.7cm

● ○ ○ ○ ○ ○

鼻烟壶画面为头陀罗汉图，画法细致生动。施有金彩线，背面书有"蕉荫疲倦者，馨香上九天"字样，方形圈足，内书"乾隆年制"。

筒形人物故事鼻烟壶

高：7.6cm，径：3.0cm

● ○ ○ ○ ○ ○

筒形鼻烟壶（又称爆竹式鼻烟壶）出
现较早，画面为人物故事图者较少，
但整体质量属于中低档产品。

筒形鼻烟壶

高：7.3cm，径：2.9cm

● ○ ○ ○ ○ ○

鼻烟壶画面为山水楼台殿阁画，属于
中低档产品，底款"光绪年制"。

粉彩堆塑婴戏图瓷鼻烟壶

高：7cm，径：4.8cm

● ● ● ● ○ ○

鼻烟壶为扁圆形，花口溜肩，圈足，通体双面绘婴戏图，图中有画框，框中绘仕女图。可以理解为仕女通过窗户在观察子女嬉戏，也可理解为嬉戏中的童子，思念母亲，在观察母亲照片，可由赏玩者自由设定。画工细致精美，底有蓝色料彩款"乾隆年制"。

瓷胎凸塑凤凰牡丹园鼻烟壶

高：7.0cm，肩径：3.6cm

● ● ● ● ● ○

鼻烟壶白色胎体上凸塑有凤凰、牡丹花纹，画面连续通体，丹凤朝阳，绘工细致，这种凸塑花纹形式的鼻烟壶盛行于清道光年间，圆底圈足。底款为"行有恒堂"，为道光年间民间用款。

360° 手机扫码 – 看视频
全方位欣赏鼻烟壶

粉彩浮雕九尾鲤鱼图鼻烟壶

高：7cm，径：5cm

● ● ● ● ○ ○

在粉彩绘池塘景色上，浮雕九尾红、橙、蓝、绿、
金等不同彩色鲤鱼，在水中游弋、跳跃，造型生
动活泼。制造时先在瓷胎上浮雕九尾鲤，再分别
上釉烧制，古人以"九"为吉数，鱼谐音"余"，
此类纹饰多寓意吉祥，显示出清代中后期瓷雕技
术的新发展。底部有"道光年制"款识，虽到清
中后期宫内瓷鼻烟壶已改由江西御窑厂直接烧制
之后呈进，整体水平已不如清前三代精品，但也
偶有少量精品出现。

粉彩瓷胎獒犬图鼻烟壶

高：6.3cm，腹颈：5cm

● ● ● ● ○ ○

鼻烟壶为扁圆形，通景，一面画有獒
犬一只，雄伟凶猛，另一面画有猎狐
犬一只，长吻、宽胸、细腹、英武灵
动。画面细致、背景为花草纹，椭圆
底内书"乾隆年制"蓝色珐琅款。

粉彩瓷胎童戏通景鼻烟壶

高：6cm，肩径：3.4cm

● ● ● ● ○ ○

鼻烟壶呈观音瓶式，壶上贴塑有红色鲇鱼一条，鱼一般为财富象征，自由和谐，婚姻美满，也有"激流勇进""鱼跃龙门"的寓意，通景绘有两组童戏图，一组为两童子一个举荷花另一举寿桃，另一组为两童子树下观鸟图。画工细致，毛鬓毕现。圆底内书"乾隆年制"蓝色珐琅款。

粉彩瓷胎白底花鸟纹鼻烟壶

高：7.2cm，径：3cm

● ● ● ● ○ ○

鼻烟壶呈萝卜形，上绘有通景花鸟纹，花丛繁茂，有牡丹花和桃花等，奇石上栖有长尾类凤鸟一对，形态自然，翎毛毕现。圆底内书蓝款"乾隆年制"。

粉彩四面开光婴戏图鼻烟壶

高：7.5cm，肩经：3.4cm

● ● ● ● ○ ○

鼻烟壶呈观音瓶式，绘有婴戏图，四面分别为抱书、放花炮、执莲花、坐拥莲叶莲蓬四个童子，栩栩有神，肩部为凸雕，双重金彩蕉叶纹，下部有黄底勾连纹，圆底内有蓝色珐琅"乾隆年制"楷书款。

粉彩瓷胎四面开光墨彩山水图鼻烟壶

高：5.4cm，腹径：3.8cm

● ● ● ● ● ○

鼻烟壶呈观音瓶式，壶颈部有双层金色芭蕉叶纹，壶足部为金色雕花纹，四面开光，开光内分别绘有墨色山水风景画，画面细致入微，山水层次分明，树木灵秀，壶底为圆形，内书"乾隆年制"款。

360° 手机扫码 - 看视频
全方位欣赏鼻烟壶

粉彩瓷胎桃形鼻烟壶

高：5.6cm，径：4cm

● ● ● ● ○ ○

鼻烟壶呈桃形，底部收尖，壶面绘有
通景童子纹，壶上绘有桃树一株，树
上塑贴有金色猿猴一只，呈取桃形
状，树下坐童子两人，旁有花篮一只，
侧面绘有奇石、芭蕉纹，树下书有"乾
隆"两字款，尖底有金色雕花相附。

粉彩瓷胎六方鼻烟壶

高：6.6cm，六方部分宽：4cm

● ● ● ● ○ ○

鼻烟壶上部呈六方形，各面分别绘有如意、花篮、灵芝、玉环等粉彩图案。下部六方形向下收缩，绘有黄底荷花勾莲纹。六方底上书"乾隆"蓝色珐琅款。

粉彩开光婴戏图鼻烟壶

高：6.2cm，径：4.0cm

●●●●○○

鼻烟壶呈方圆形，唇口圆形圈足，壶体两面绿地上凸雕金彩云纹，分别有满汉文吉祥两字，另两面开光中粉彩描绘婴戏图，一面三童子抱球休憩，另一面三童子追逐夺花，白底署蓝色珐琅"光绪年制"楷书款。

花篮形粉彩花卉图鼻烟壶

高：6.8cm，腹径：3.2cm

● ● ● ● ● ○

鼻烟壶呈长圆形，底下半部分为仿竹编花篮式样，上半部分为粉彩通景花卉纹，中有佛手、寿桃、牡丹、菊花等，并凸雕金色花篮提携把手，颈部为凸雕金色蕉叶纹，白底署蓝色"乾隆年制"楷书款，匠心独特，是鼻烟壶中的精品。

手机扫码 - 看视频
360° 全方位欣赏鼻烟壶

粉彩尊式仕女图鼻烟壶

高：5.5cm，肩径：4.0cm

● ● ● ● ○ ○

鼻烟壶呈圆尊式，两侧有凸雕金彩蝙蝠纹铺首，前面绘"双美读书"，后面绘"仕女教子"，绘画人物栩栩传神。肩部有金彩凸雕如意头纹，下部绘有金彩双重蕉叶纹，圆底有蓝色珐琅彩"乾隆年制"楷书款。

白胎龙纹长颈溜肩鼻烟壶

高：6.2cm，径：3cm

● ● ● ○ ○ ○

胎质洁白细腻，龙纹勾画细腻，惟妙惟肖，底款"乾隆年制"。

瓷胎珐琅彩八棱形鼻烟壶

高：4.2cm，腹宽：4.2cm

● ● ● ○ ○ ○

鼻烟壶造型为两个四方钵形对扣，八个斜面上绘有法轮、宝伞、法螺、金鱼、莲花、宝瓶、盘长、白盖等佛家八种法器。底款为"乾隆年制"。

瓷胎粉彩花鸟纹鼻烟壶

高：6.0cm，径：4.0cm

● ● ○ ○ ○ ○

鼻烟壶白瓷胎呈长圆形，一面开光绘有野鸽子一对，立于花丛之中，另一面为楷书诗一首。"桃时杏日不争浓，叶帐阴成始放红。晓艳远分金掌露，暮香深惹玉堂风。"底款为"同兴堂制"。

蝙蝠形瓷鼻烟壶

高：5.2cm，腹宽：4.2cm

● ● ● ○ ○ ○

鼻烟壶瓷胎呈扁长圆形，两面同为蝙蝠形，有金线勾边，做工精细，蝙蝠与"福"字同音，为幸福象征，表示长寿、财富、健康，飞翔的蝙蝠可称"福在眼前""洪福齐天"，蝙蝠图案在鼻烟壶中大量出现。底款为"乾隆年制"。

明黄色胎珐琅彩鼻烟壶

高：6.5cm，腹径：4.5cm

鼻烟壶为椭圆瓶状，珐琅彩正背面均绘有蝈蝈一只。底款为"古月"，古月轩出处，众说不一，或出于皇家宫室，或私人作坊，无定论（古月轩瓷器以做工精良称著）。

粉彩菊花端鸟纹鼻烟壶

高：3.4cm，径：2.5cm

鼻烟壶呈天球瓶式，沙底，短颈，椭球形壶体。表面绘有粉彩菊花及双鸟一对，菊花自古被文人誉为不畏严霜、气节高尚，如诗曰"菊残犹有傲霜枝"。晋代陶渊明"采菊东篱下，悠然见南山"的情趣，这也是画面选择的寓意。绘画精细，但瓷胎质地较差，应为民国民窑制品，背书"清香"，圈足内绘有叶子印记。内画鼻烟壶大师叶仲三之子叶奉祺，在民国时期曾有大量仿清朝粉彩瓷质鼻烟壶的作品。

长颈萝芦雁纹瓷质鼻烟壶

高：6.5cm，径：4cm

● ○ ○ ○ ○ ○

粉彩鼻烟壶表面绘有花丛芦苇中栖息五只大雁，雁为候鸟，夫妻之间忠贞不贰。古有"鸿雁传书"的故事，文人又多以雁抒发人间漂泊、孤独、思乡、思亲等感情。画面布局和绘图精细，但瓷胎质地较差，应为民国民窑制品，背面书"清香"两字，圈足内绘有叶子款记。

短径萝卜形粉彩花鸟瓷鼻烟壶

高：6.8cm，径：4.5cm

● ○ ○ ○ ○ ○

粉彩鼻烟壶绘有牡丹一丛，枝头立有雀鸟，牡丹为百花之王，富丽堂皇，国色天香，刘禹锡有"唯有牡丹真国色，花开时节动京城"之句，绘画精细，但瓷胎质地疏松，应为民国时期产品，有"清香"两字款识。

粉白扁圆瓷瓶式人物鼻烟壶

高：5.8cm，径：5.2cm

● ● ● ● ○ ○

此鼻烟壶又称背壶式，其造型出现早，且美观，口、径、肩、腹、足比例均匀合度。粉白底上两面分别绘有织女和牛郎人物图，画面人物是墨彩单线描绘，构图精准，造型优美，出自画家手笔，椭圆底书有"乾隆年制"。乾隆款瓷鼻烟壶各时代都有仿制，嘉庆朝宫廷官窑制粉鼻烟壶仿品，也有不少制作精美、色彩华丽的产品。

圆玉璧式瓷鼻烟壶

高：4.8cm，径：4.4cm

● ● ● ○ ○ ○

鼻烟壶呈玉璧式，中间有透孔，周圈呈墨色，内有金线彩绘回纹和蕉叶纹，造型独特优美，底款为"乾隆年制"。

筒形雪景瓷鼻烟壶

高：8.5cm，径：3.0cm

● ● ○ ○ ○ ○

鼻烟壶通景绘有雪后山川、树木、房屋、池塘景色，构图细致生动。圈足内款为"玩玉"（"玩玉"为乾隆朝民窑作品的款识）。

喜鹊登梅超微瓷鼻烟壶

高：3.4cm，径：2.5cm

● ● ○ ○ ○ ○

鼻烟壶为超微天球瓶式，沙底、短径、球形壶体。虽体形娇小，但上画喜鹊登梅，画图精细。

扁方形瓷胎画珐琅鼻烟壶

高：6cm，宽：4.8cm

● ● ○ ○ ○ ○

淡蓝色胎底，画珐琅彩瓷鼻烟壶，通体绘有博古纹，部分施金彩，颈部有回文一条，椭圆底足内款为"乾隆年制"。

硬彩十八罗汉图瓷鼻烟壶

高：7cm，底径：6.4cm

● ● ● ○ ○ ○

鼻烟壶白色底上绘有五彩十八罗汉，
或坐或站，或执法器，形态自然流畅，
表情各异。瓷器上有许多人物绘画者
少见，方圆足，足内绘叶形花押，为
民国民窑精品。

蟾形瓷鼻烟壶

高：4.5cm，宽：5.5cm

● ● ● ○ ○ ○

鼻烟壶塑造成金蟾形，两足向前，一
足高举，握一金珠，蟾中衔金钱一枚，
为民国后民窑制品。

硬彩刀马人物瓷鼻烟壶

高：7.2cm，宽：5.5cm

● ● ● ● ○ ○

鼻烟壶呈扁方形，白底，绘有刀马人物，画片少见，约为"诸葛亮七擒孟获"故事。一侧绘有诸葛亮坐在车上，车后为一车夫，侧后为骑马将军马岱手执方天画戟。另一侧为骑马将军一手持刀一手执盾，两边均绘有奇兽。为清代民窑中精品，长方形底足，有"乾隆年制"款。

葫芦形绘雪景瓷鼻烟壶

高：6.5cm，下腹径：4.5cm

● ● ○ ○ ○ ○

瓷鼻烟壶，通体浅绿色，内绘有山湖、
树木、房屋的雪景。长方形圈足，内
书"乾隆年制"，为民窑仿制。

刻瓷堆花鼻烟壶及其他

刻瓷技术有划花、剔花、模印花、浅刻、深刻、透雕、镂空等多种工艺，工艺始见于宋青白瓷，广东潮州窑，江西洪州窑等。首先在素胎上施刻，再上釉，入窑烧成。刻瓷工艺用于鼻烟壶制造始于清乾隆期。堆花工艺尚有紫砂制鼻烟壶等采用。

素胎透雕瓷鼻烟壶

高：5cm，径：4.2cm

● ○ ○ ○ ○ ○

鼻烟壶为双层瓷壶，外层透雕云龙纹，但没有上釉。道光年间民间雕瓷鼻烟壶水平很高，有陈治国、王炳荣等名家高手。

瓷雕竹编式鼻烟壶

高：6.2cm，肩径：4.65cm

● ○ ○ ○ ○ ○

鼻烟壶外刻竹编形图案，简洁明快。

紫砂堆花鼻烟壶

高：4.7cm，腹径：4.15cm

● ● ○ ○ ○ ○

紫砂多见于茶壶、茶宠制造，少见于鼻烟壶，壶面用堆花装饰山、树、亭等，文饰优美。

红釉刻瓷鼻烟壶

高：6.95cm，宽：4.65cm

● ● ○ ○ ○ ○

鼻烟壶画面刻云鹤，画中福禄寿三星
神仙，刻花较深，工艺繁复，不像是
印模刻所能达到的效果。

鼓泡式雕白瓷鼻烟壶

高：6.0cm，径：5.0cm

● ● ● ○ ○ ○

纯白瓷壶面雕塑纹饰为萝卜、白菜及
小白兔一对，兔子造型源于玉兔捣药，
陪伴嫦娥仙子的故事，为十二生肖之
一，雕塑工细腻准确，椭圆足内刻"王
炳荣作"款。王炳荣为清道光时期制
雕瓷鼻烟壶大家。

鼓泡式雕白瓷鼻烟壶

高：6.0cm，径：5.0cm

● ● ● ○ ○ ○

纯白瓷壶面雕塑纹饰为荷花、荷叶和鸳鸯一对，鸳鸯莲池寓意夫妻恩爱，刘禹锡有"女郎剪下鸳鸯锦，将向中流定晚霞"诗句。雕塑工细腻准确，椭圆足内刻"王炳荣作"款，王炳荣为清道光时期制雕瓷鼻烟壶大家。

模刻人物瓷鼻烟壶

高：4.0cm，底径：3.8cm

● ● ○ ○ ○ ○

鼻烟壶为瓷质圆锥形，三面分别模
刻粉彩人物头像福、禄、寿三仙，
印刻清晰，造型生动。圆足内书"乾
隆年制"。

鸟栖松下造型瓷鼻烟壶

高：7.2cm，宽：4.0cm

● ● ● ○ ○ ○

鼻烟壶外形塑成鸟形，栖于山石上松树旁，鸟身上绘满有不露底的花卉造型，特殊，有趣。底款"乾隆年制"。

瓜棱形瓷鼻烟壶

高：5.6cm，腹径：4.0cm

● ● ● ○ ○ ○

鼻烟壶呈长圆形，分为八棱面，上用篆书题诗曰："人闲桂花落，夜静春山空。月出惊山鸟，时鸣春涧中。"简洁朴素大方，乾隆御题。

芦均釉方形紫砂胎鼻烟壶

高：5.8cm，宽：3.5cm

● ● ● ○ ○ ○

鼻烟壶为紫砂胎，外施蓝色芦均釉，釉面色彩斑斓蜿蜒，方形足，内有印章"远鸣"款押。

2

玻璃质鼻烟壶

　　中国玻璃制造的历史可以上溯到西周时期，那时称琉璃，是由石英砂、石灰石、纯碱等混合高温熔炼而成，但多仿玉质地。对于高透明玻璃制造技术逊于阿拉伯及欧洲等国。康熙三十五年（1696）宫廷内建立玻璃作坊，从山东淄博征调匠师，又延请西方技师，使玻璃生产水平有很大提升。由山东博山引进仿玉石的非透明玻璃制料胎俗称"料器"。

　　至雍正、乾隆时期，玻璃玩物烧制技术达到高峰，不仅釉色繁多、纯净，而且除单色玻璃外，出现搅料、金星料、套料等许多新品种。

　　虽鼻烟引进时也是采用玻璃壶，但由于皇室喜爱，玻璃鼻烟壶在中国的制造工艺也达登峰造极。清宫高档料器鼻烟壶制造也达一定规模，据清宫造办处《活计档》记载，雍正六年（1728）规定三大节（端午节、万寿节、春节）每节烧制料器鼻烟壶一百个，乾隆元年（1736）改为万寿节一百个，端午节、春节各六十个，乾隆十年改为每节六十个，从此官方烧制规模成为定例。

　　后来又出现以玻璃料为胎，表面用珐琅彩作画的玻璃胎珐琅彩作品，更是精美异常。

　　在玻璃胎上作画以后，入炉复烧时，由于珐琅釉和玻璃胎一体的软化、熔融温度几乎相同，稍有不慎会使玻璃壶整体变形，特别是在没有电炉控温条件下，有比较高的难度。但清早期仍能作得玲珑奇巧，异彩纷呈，堪称大师之作。在拍卖会上曾有出奇的表现，大量百万元以上成交价的也多为此类制品。

单色玻璃鼻烟壶

　　康熙年间已成功烧制出白、黄、红、紫等多种单色玻璃鼻烟壶，雍正、乾隆时期陆续有宝石红、宝石蓝、天蓝、孔雀蓝、黑色、琥珀色、淡粉、宝石绿、砗磲白以及藕荷紫、胭脂红、苹果绿等及中间过渡色出现，许多色彩被赋予物体自然色彩名称，尤其名贵如鸡油黄、山楂红、西湖水等等。

　　单色玻璃鼻烟壶为最早品种之一，虽无华丽装饰，但纯正色调，细腻质感，端庄造型，深为人喜爱，用这种材质制造、流传下来的鼻烟壶也最多，也多被关注。

竹节形玻璃鼻烟壶

高：6.8cm　径：2.5cm

● ● ● ○ ○ ○

鼻烟壶圆足，半透明壶体中夹有黑色闪金丝状物，仿金丝发晶。此种玻璃制造的鼻烟壶比较少见。

明黄色玻璃鼻烟壶

高：6.5cm，径：5.0cm

● ● ○ ○ ○ ○

本壶为鸡油黄玻璃鼻烟壶，为皇帝专
用的明黄色，较名贵。

柠檬黄色玻璃鼻烟壶

高：6.45cm，上径：4.45cm

● ○ ○ ○ ○ ○

本壶为柠檬黄色玻璃素壶，上部分呈
多棱形加工磨制。

宝石红磨花八角鼻烟壶

高：5.15cm，径：4.15cm

● ● ● ○ ○ ○

此种磨花八角形鼻烟壶，是常见的
宫廷制品。此类在故宫博物院中多
有收藏。

透明蓝色玻璃磨花八角鼻烟壶

高：5.8cm，宽：4.85cm

● ● ● ○ ○ ○

鼻烟壶呈八角扁平形，因其色浅透明
也称海水蓝色，较少见。中间磨制成
几何形纹样，为嘉庆朝常见品种。

透明红色玻璃磨花八角鼻烟壶

高：5.4cm，宽：4.1cm

● ● ● ○ ○ ○

宝石红色八角磨花鼻烟壶，内刻有暗
花装饰，此种色泽的玻璃较名贵。

蓝玻璃鼻烟壶

高：6.8cm，径：5.6cm

● ● ○ ○ ○ ○

鼻烟壶呈椭圆形，通体蓝色光素无纹，
嘉庆、道光朝典型器。

早期中东进口玻璃代鼻烟壶

高：5.45cm，径：4.95cm

● ○ ○ ○ ○ ○

高：5.8cm，径：4.8cm

● ○ ○ ○ ○ ○

早期中国从伊朗等中东地区进口玻璃制品。本品虽然制作粗放，但年代久远，也是一种可贵收藏品。

玻璃压印或刻花孔雀尾鼻烟壶

高：6cm，腹径：5cm

● ● ○ ○ ○ ○

高：5.5cm，腹径：4.6cm

● ● ● ○ ○ ○

鼻烟壶为扁圆形，紫色玻璃透明，两面压印或刻有孔雀尾花纹、晶莹飘逸。刻花玻璃鼻烟壶盛行于乾隆年代，加工采用类似于琢玉技术。

单一红色料胎阴刻花诗词鼻烟壶

高：6cm，宽：4.2cm

● ● ● ○ ○ ○

鼻烟壶为不透明料胎，一面阳刻有石竹花丛生长于山石中，另一面刻有楷书诗词一首。"此花亦被此君名，袅袅裳裳且自荣。世上宁无假君子，底须卉裹太分明。"清末周鸿来以此雕刻玻璃工艺著称，侧面有"乾隆戊申""仲春御题"，底款为"乾隆年制"。

黄料雕水波纹鼻烟壶

高：6.2cm，径：4.8cm

● ● ● ○ ○ ○

鼻烟壶为扁椭圆形，表面雕有十条水波纹，造型灵动，格调高雅。椭圆圈足，配有同色彩料盖，底部刻有"益德成造"四字款。益德成在北京经营鼻烟和烟壶生意已有300多年的历史，一直延续至今。

鸡油黄料素面鼻烟壶

高：6.2cm，宽：3.4cm

● ● ○ ○ ○ ○

鼻烟壶为鸡油黄料胎，发色莹润，截面呈三角形，简洁可爱。鸡油黄料属于高档材质。

海蓝色透明瓜形玻璃鼻烟壶

高：6.8cm，径：3.4cm

● ○ ○ ○ ○ ○

长圆瓜形鼻烟壶，垂直刻有 8 组菱形壶面，肩部刻如意纹，简洁明快，圆底足。

红色透明玻璃鼻烟壶

高：6cm，径：5cm

● ○ ○ ○ ○ ○

扁圆形红色透明玻璃鼻烟壶，色泽莹润，两面模雕，中心有八瓣旋花纹，外圈为六瓣旋花纹饰，椭圆底足，无款。

透明玻璃龟形鼻烟壶

长：6.2cm，高：3.0cm

● ● ○ ○ ○ ○

鼻烟壶为透明玻璃匍匐龟形，龟上贴附有蝙蝠一只。

黄色料胎雁形鼻烟壶

长：6.8cm，高：3.8cm

● ● ○ ○ ○ ○

鼻烟壶为圆雕雁形，卧式造型可爱。

透明玻璃雁形鼻烟壶

长：5.6cm，高：3.5cm

● ● ○ ○ ○ ○

透明圆雕雁形鼻烟壶，外形晶莹可爱。

搅胎玻璃鼻烟壶

　　搅胎玻璃鼻烟壶是清中期出现的新品种，它把不同色泽的玻璃非均匀混合一起，形成天然无规律的花纹，如云纹、斑块纹，给人以很大想象空间。这类鼻烟壶特点是色彩丰富，变化多端，绚丽醒目，纹饰自然天成，流光霞彩，千姿百态，不可复得。

冷色斑块纹搅胎鼻烟壶

高：5.65cm，径：2.9cm　　　　　　　　　高：5.5cm，肩径：2.8cm

● ● ○ ○ ○ ○　　　　　　　　　● ● ○ ○ ○ ○

鼻烟壶胎体内出现大量尺寸各异的斑块，清新文雅。

暖色云纹搅胎彩色鼻烟壶

高：5.85cm，径：3.45cm

● ● ○ ○ ○ ○

鼻烟壶搅胎云纹飘逸，又如急流旋涡，姿态万千。

金色条带搅胎鼻烟壶

高：8.45cm，径：3.3cm

● ● ○ ○ ○ ○

鼻烟壶为圆筒形。多种色彩玻璃搅胎呈云纹状，内夹有金色缠绕。

透明塑料云纹搅胎鼻烟壶

高：6.8cm，径：5.9cm

● ○ ○ ○ ○ ○

鼻烟壶在淡蓝色半透明胎体内，出现蓝色飘逸条纹装饰，有蓝天白云之形。

双色珍珠质鼻烟壶

高：6.05cm，径：4.25cm

● ○ ○ ○ ○ ○

鼻烟壶上下部分呈红褐色，中间留有透明珍珠质地，属"辛家坯"或"袁家坯"，料器成型较有特点。

彩色搅胎玻璃鼻烟壶

高：8.5cm，径：4.5cm

● ● ● ○ ○ ○

鼻烟壶呈扁椭圆形，平底搅玻璃工艺，由橙、深绿、浅白、黄、灰、黑、紫等多种颜色玻璃熔融态搅制而成，通体布满形状各异的线条纹样，内有点点金星，像山峦起伏，又像流水蜿蜒。纹饰自然优美，色彩绚丽。

双色透明玻璃素面鼻烟壶

高：5.0cm，腹径：3.4cm

● ● ○ ○ ○ ○

鼻烟壶为扁椭圆形，两侧分别是红、蓝两色透明玻璃，平稳过渡，无明显交汇面，非搅胎可成。工艺特殊，令人费解。

仿玛瑙玉带横腰纹鼻烟壶

高：6.0cm，宽：4.8cm

● ● ○ ○ ○ ○

鼻烟壶在透明绿色玻璃胎上，腰部有串龙玉带横穿，红白两色交界清晰，仿玛瑙同类制品，相当逼真，成型方法非一般搅胎可以做到，两侧有铺首纹。

团块形搅胎玻璃鼻烟壶

高：6cm，肩径：4.2cm

● ○ ○ ○ ○ ○

鼻烟壶为背壶式，呈多彩团块状花纹，仿五彩石质，有特色。椭圆底足。

扁圆白色料胎红色缠绕纹鼻烟壶

高：6.0cm，宽 4.8cm

● ● ○ ○ ○ ○

鼻烟壶为扁圆形，白色壶体上用红色
玻璃带缠绕成螺旋纹图形，红色色带
部分深入胎体，为一种特殊的搅胎类
作品，做工独特，匠心灵巧。

金星与洒金玻璃鼻烟壶

　　金星玻璃于清中期在宫廷造办处烧制成功，这时要在玻璃原料中加入铜粉，使金星弥散，并严控烧制温度，据称这种玻璃在坩埚中烧炼成功后，不能马上取出，需待其冷却后将坩埚打碎取出。制作器物时，要如琢玉般用砣具碾琢，可见其制造难度之大。

　　后出现一种在玻璃吹制过程中洒入铜粉，使金星飘散，有似油滴者，色彩漂游斑斓，也有奇趣。

红地洒金星玻璃鼻烟壶

高：5.8cm，肩宽：3.0cm

●　●　●　○　○　○

素面鼻烟壶，金星均匀分布，壶体表面琢磨痕迹明显，可见非吹塑而是碾琢而成。

红色洒金玻璃鼻烟壶

高：6.2cm，径：4.0cm

● ● ● ○ ○ ○

红色玻璃鼻烟壶中洒金斑点，呈雪花状散落。本壶是吹塑而成。

宝石红色玻璃胎洒金星鼻烟壶

高：7.4cm，肩径：4.5cm

● ● ○ ○ ○ ○

鼻烟壶为透明深宝石红色玻璃质，上部有洒金星点点，两侧有竹节式铺首。

黄底斑点玻璃鼻烟壶

高：5.7cm，肩径：4cm

● ○ ○ ○ ○ ○

鼻烟壶为扁圆形黄褐色玻璃质，表面有随机漫散黑色斑点，椭圆圈足无款。点子玻璃鼻烟壶是搅胎鼻烟壶的一种。

浮雕金星玻璃鼻烟壶

高：6.6cm，肩宽：4.2cm

● ● ● ○ ○ ○

鼻烟壶表面浮雕城池、仙鹤、山石等图形，金星玻璃技术源自境外，名贵玻璃品种不可吹塑成型，只能如玉雕琢，少有浮雕雕刻花者。

素扁圆银星玻璃鼻烟壶

高：6.5cm，肩宽：5cm

● ● ○ ○ ○ ○

鼻烟壶呈黑色素面，内有蓝色、银色
星星点点，宛若在夜空闪耀，颇具特色。

刻花玻璃鼻烟壶

　　刻花玻璃是在单色玻璃上雕刻成凹凸花纹，在玻璃冷却后琢磨而成，也可以是玻璃在冷却前用模具压制成花纹。

　　刻花是乾隆时期玻璃工艺的一个重要品种，类似琢玉技术将纹饰磨刻而成。

透明玻璃刻龙纹鼻烟壶

高：6.45cm，肩宽：3.95cm

● ● ● ● ○ ○

鼻烟壶所刻龙纹生动细致，为琢磨加工成型，是乾隆朝典型的加工技术。

透明浅蓝色玻璃浅刻超薄鼻烟壶

高：5.4cm，肩径：4cm，厚度：0.5cm

● ● ● ○ ○ ○

鼻烟壶为扁圆形，面上浅刻有高士垂钓纹，背面刻有诗句："倚树持竿俯碧冷，钩无饵岂为鱼鲩。画家不着伊谁氏，恐似严光钓客星。"壶身超薄，底款为"乾隆年制"篆刻。

浅黄透明玻璃孩儿枕形鼻烟壶

长：9cm，高：4.5cm

● ○ ○ ○ ○ ○ ○

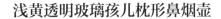

鼻烟壶体呈孩儿枕形，体形较大，不适作携带之物，壶体造型生动传神。可能是兼作为房内陈设品使用。

红玻璃刻花黑色堆料鼻烟壶

高：6.5cm，腹径：4.0cm

● ● ○ ○ ○ ○

鼻烟壶为扁方形，通体刻有海水浪花纹，两面中间贴有黑色鲤鱼莲花纹饰。清雅别致，玻璃刻花类似于琢玉。椭圆底，侧面刻有兽面衔环耳。

透明玻璃刻花荷包式鼻烟壶

高：6.0cm，底径：5.8cm

● ● ○ ○ ○ ○

鼻烟壶为淡蓝色透明玻璃刻花，一面为一株菊花，另一面为诗一首："野卉家葩秋本稠，菊花开际众芳收。女夷谁道惟司艳，可识幽贞气独投。"

海蓝色透明囊形刻花鼻烟壶

高：5cm，径：3.8cm

● ● ● ○ ○ ○

囊形玻璃鼻烟壶，透明海水蓝色，一面刻有方孔金钱纹，另一面刻四尾鱼形纹环抱，中间刻篆书款，"乾隆年制"章。

淡蓝色玻璃刻花鼻烟壶

高：5.6cm，径：4.2cm

● ● ● ○ ○ ○

透明玻璃背壶式鼻烟壶，一面刻有缠枝状花卉，另一面刻有楷书七言诗一首："叶似田田花淡红，细蕤石上异池中。由来假藉名非实，那厕濂溪君子同。"清雅可玩。配有同质壶盖。底部刻有"乾隆年制"款。

透明玻璃刻龙纹鼻烟壶

高：6.5cm，肩宽：4.4cm

● ● ○ ○ ○ ○

透明棕色玻璃鼻烟壶，通体刻有海水及四爪
龙纹两条，造型生动活泼，椭圆底足。

紫色玻璃刻花鼻烟壶

高：5.2cm，径：4.0cm

● ● ● ○ ○ ○

鼻烟壶为鼓腹椭圆形，一面刻诗曰：
"翠羽参差倚晚风，不惊仙杖出花
骢。憎他小小怜珍偶，飞上枝头作
一丛。"另一面刻茶花一丛，椭圆
足内刻"乾隆年制"。

红色玻璃鼓腹瓶式鼻烟壶

高：4.6cm，径：2.8cm

● ● ● ○ ○ ○

红色玻璃素面鼓腹鼻烟壶，色泽通透明快，小巧玲珑。

紫色玻璃刻花鼻烟壶

高：6.0cm，宽：3.0cm

● ● ● ○ ○ ○

鼻烟壶为扁长方形，一面刻诗曰："亭亭初整六铢衣，不是湘妃定宓妃。每与罗浮仙有约，粉香和月共帘帷。"另一面刻山石下水仙花一丛，椭圆足内刻篆字"乾隆年制"款。

套色/贴色玻璃鼻烟壶

　　将套色玻璃吹制成型鼻烟壶毛坯，再在熔化的彩色玻璃浆液内浸涂，可以反复形成多层色彩，退火后，依层进行雕刻、磨制，称"套料鼻烟壶"。此种工艺技术起源于古代埃及，后被欧洲的德国、捷克所继承，生产多种器皿，享誉世界。

　　许多套色玻璃鼻烟壶本身非纯套彩玻璃而成，而是用局部彩料粘贴而成。真正套上四层或以上的套料鼻烟壶少见。

　　套色玻璃鼻烟壶按照壶地不同分为：①涅白地，②透明地，③珍珠地（俗称唾沫地），④单色地，可是黄、蓝、黑色玻璃，⑤彩色玻璃地。

　　京派套色玻璃可以分为"勒家坯"和"辛家坯"。"勒家坯"胎底为藕粉色，"辛家坯"为珍珠底，即玻璃中夹杂密密麻麻的微小气泡成雪花或珍珠形状，套色层次越多，花纹越复杂传神，趣味性越高，雕刻背景（称地子）越光滑，难度越大。

玻璃珐琅彩贴花葫芦形鼻烟壶

高：6.5cm，下部径：4.0cm

● ● ● ○ ○ ○

红色透明玻璃珐琅彩外贴花鼻烟壶，
珐琅彩绘桃枝桃实纹，外贴金色子孙
葫芦纹，寓意福寿，做工细致。

双套贴色玻璃鼻烟壶

高：6.7cm，肩宽：4.3cm

● ● ● ○ ○ ○

鼻烟壶为浅黄色玻璃珍珠地，上套有褐、白两层玻璃，再刻出松石、仙鹤图案。寓意是"松鹤延年"。

双色套料葫芦形玻璃鼻烟壶

高：6.2cm，径：3.65cm

● ○ ○ ○ ○ ○

鼻烟壶为透明玻璃地，显出深色下层套料纹理，表面刻有莲花瓣，鼻烟壶简洁明快。

套蓝色玻璃鼻烟壶

高：7.75cm，径：2.7cm

● ● ○ ○ ○ ○

本品的制造有现代欧洲磨花玻璃工艺的特色，套料后仅磨削而成，简洁明快。

蓝白双层套色鱼荷塘纹鼻烟壶

高：5.15cm，宽：4cm

● ● ● ○ ○ ○

鼻烟壶为双色套料，刻有莲花、荷叶，中有鲤鱼跳跃，生动传神，宋代以来莲、鱼时常出现在器物上，寓意是"连年有余"，图案准确，刻工精良。

红白两色套料刻石榴、佛手、桃和蝙蝠鼻烟壶

高：6.5cm，腹径：5.25cm

● ● ● ● ○ ○

鼻烟壶肩部有方章款"乾隆年制"，
为同类套刻工艺精品，壶内放置方孔
铜钱一枚，隐约可见，作为鼻烟搅振
之用。

蓝白双套色花卉纹鼻烟壶

高：6.1cm，底宽：3.5cm

● ● ○ ○ ○ ○

鼻烟壶是珍珠地，刻有牡丹花一丛，枝叶扶舒，有盛开花朵和花蕾各一。

套色鱼莲描金纹鼻烟壶

高：6.0cm，宽：4.0cm

● ● ○ ○ ○ ○

鼻烟壶为淡蓝透明料上，套有涂金色鲤鱼一条，跳跃在莲花、荷叶之间，也是"连年有余"的寓意。

多层套 / 贴色料菩萨信徒图纹鼻烟壶

高：7.65cm，肩宽：5.05cm

● ● ● ○ ○ ○

本鼻烟壶有蓝、白、红三层套料。刻
画图案繁复，有观世音菩萨坐像于云
端，众弟子拜观，周围祥云环绕。

天球瓶式蓝套色刻龙纹鼻烟壶

高：6.25cm，径：3.15cm

● ● ● ○ ○ ○

鼻烟壶呈天球瓶式，大器小作，十分精致，有蓝、白二层套料，雕刻龙纹，生动灵活。为套刻工艺中的精品。

蓝白双套色雕暗八宝纹鼻烟壶

高：5.6cm，宽：3.65cm

● ● ○ ○ ○ ○

鼻烟壶为桶形四方瓶罐式，蓝、白两
色套料，雕刻有暗八宝纹，雕工细致。
为套雕工艺中的精品。

西域琉璃贴花代鼻烟壶

高：5.45cm，径：2.9cm

● ● ○ ○ ○ ○

鼻烟壶为早期西域传入的半透明玻璃
器，古朴大方，可以改作成鼻烟壶代
用品。

西域琉璃贴花代鼻烟壶

高：4.8cm，径：3.7cm

● ● ○ ○ ○ ○

本瓶壶为早期西域传入的透明玻璃
器，外有贴花，古朴大方，可改用作
鼻烟壶。

珍珠地套／贴多色玻璃蝈蝈葫芦纹鼻烟壶

高：6.1cm，径：4cm

● ● ○ ○ ○ ○

鼻烟壶为丰肩、收腹、平底圆形，浅蓝色珍
珠地，套／贴黄、蓝、红葫芦和彩色蝈蝈，
周围点缀葫芦、藤蔓。葫芦有"福禄"谐音，
也有形似袋，"子孙万代"的吉祥寓意，贴
料时各色彩玻璃画面在一个层面上，而套料
时各色彩玻璃画面层层叠压在不同层面。此
壶所贴多色玻璃使用玻璃棒按照纹饰图样粘
合而成，为套／贴玻璃工艺的制造方法之一。
有章款"乾隆年制"。

蓝色透明玻璃套雕红色荷塘鼻烟壶

高：7cm，腹径：4.5cm

● ● ○ ○ ○ ○

浅蓝色鼻烟壶上套红雕荷叶、荷花、鹭鸶纹。鹭鸶寓意"仕途顺利""仕途荣华""路思进退""一路顺风"，唐诗有"西塞山前白鹭飞，桃花流水鳜鱼肥"，"两个黄鹂鸣翠柳，一行白鹭上青天"的名句。雕刻细致，直口扁圆形，椭圆足。

涅白套料五蝠图鼻烟壶

高：6.5cm，肩宽：3.8cm

● ● ○ ○ ○ ○

鼻烟壶为涅白料胎套红色彩料，两面
分别雕刻有海水上五只蝙蝠飞翔，意
为"五福临门"。

玻璃胎镶螺钿人物纹鼻烟壶

高：6.8cm，径：5.2cm

● ● ● ○ ○ ◌ ◌

鼻烟壶为半透明红色玻璃笸箩纹饰，两面各镶有椭圆形螺钿浮雕西洋女士头像花片，刻工精准传神。

长圆形黄褐色套黑色料胎鼻烟壶

高：3.5cm，径：3.4cm

● ● ○ ○ ○ ○ ○

白色透明玻璃上刻海水纹浅雕，上套金色凸料纹，双面分别凸刻有五只蝙蝠，肩部有金色凸雕印章款"乾隆年制"。

天球瓶式透明玻璃套料鼻烟壶

高：5.5cm，腹径：5.0cm

● ● ○ ○ ○ ○ ○

白色透明玻璃胎上套刻有棕色龙一条，
龙形生动威武，刻工精良，无款。清代
嘉庆时期玻璃鼻烟壶和粉彩鼻烟壶较具
特色，画珐琅和玉质鼻烟壶已较少，玻
璃鼻烟壶在继承前朝基础上，仿宝石玻
璃烟壶，和色地套料，多层复套料鼻烟
壶都有创新。

涅白套料鼻烟壶

高：5.0cm，肩径：3.5cm

● ○ ○ ○ ○ ○

涅白底套刻两面梅花树各一株，玲珑
小巧可爱，底款刻有"乾隆年制"。

浅蓝色底套料鼻烟壶

高：5.2cm，肩宽：3.6cm

● ○ ○ ○ ○ ○

鼻烟壶为浅蓝色背壶，套有深浅两色
料层，一面刻有博古纹，另一面刻有
花鸟纹，雀鸟一只立于梅树枝头。小
巧玲珑可爱，椭圆底足。

长圆形黄褐色套黑色料胎鼻烟壶

高：6.8cm，径：3.8cm

● ● ○ ○ ○ ○

黄色料胎鼻烟壶，满雕海水纹，上有
黑色套刻寿桃纹和蝙蝠纹，寓意"福
寿双全"。随圆圈足，无款。

双套色莲鱼纹玻璃鼻烟壶

高：6.5cm，肩宽：4.4cm

● ● ○ ○ ○ ○

扁壶形鼻烟壶以透明珍珠底上套深蓝、浅蓝色莲池、鲤鱼、鸳鸯等图案，鲤鱼寓意"富贵有余"，鸳鸯寓意"夫妻和美"等。

绿色珍珠底套料玻璃鼻烟壶

高：6.8cm，肩径：3.2cm

● ● ○ ○ ○ ○

套料观音瓶式鼻烟壶，表面刻有三角浅纹，并套红褐色料层，中间环刻有两条龙纹间隔，兽形铺首，上下层有蕉叶纹，有仿古意境。底款刻有"乾隆年制"方章。

瘦长观音瓶套料鼻烟壶（一对）

高：8.4cm，胸径：3cm

● ● ● ○ ○ ○

三层套料观音瓶形鼻烟壶，上刻有底层鲤鱼，中层为花卉，上层为红色花和鸟纹，颈部刻有蕉叶纹，做工繁复，壶体瘦长，壶身刻有"乾隆年刻"方章款和"乾隆"两字款。

四层套料背壶式鼻烟壶

高：7.2cm，肩宽：5cm

● ● ● ● ● ○

鼻烟壶四层套料：最底层刻花为房舍，第二层为钓鱼老翁，第三层为山石树木，最顶层为红色飞鸟。壶颈部刻蕉叶纹，两侧雕刻器面铺首，四层套料工艺繁复，少见于世。壶身刻有"乾隆年制"篆文方章款。

360° 手机扫码－看视频
全方位欣赏鼻烟壶

料胎套黑色鱼莲花雁纹鼻烟壶

高：6.8cm，宽：3.8cm

● ● ○ ○ ○ ○

鼻烟壶为长方形，以海波纹为底，上
套料刻鱼莲纹和雁莲纹。

透明洒金玻璃中镶银丝珐琅开
光鼻烟壶

高：7.0cm，径：6.0cm

● ● ○ ○ ○ ○

透明玻璃鼻烟壶中间开光，镶有银丝、花卉
蝴蝶纹珐琅图案，两侧有兽面衔环铺首。

透明玻璃开光头像鼻烟壶

高：6.2cm，径：5.0cm

● ○ ○ ○ ○ ○

扁圆形透明玻璃鼻烟壶，两面分别
镶有张飞、关羽京剧脸谱图，两侧
有黑色铺首。

深色底贴绿龙纹玻璃鼻烟壶

高：7.2cm，肩径：3.2cm

● ● ● ○ ○ ○

鼻烟壶为深色底料玻璃质，比较少见，
绿色云龙纹生动飘逸，但缺少霸气，
有"乾隆年制"方章款。

黄色底贴绿凤纹玻璃鼻烟壶

高：5.2cm，肩径：3.5cm

● ● ● ○ ○ ○

鼻烟壶为玻璃质罐式，绿色凤纹形态
优美，平肩，圆足底，有"乾隆年制"
方章款。

玻璃胎画珐琅鼻烟壶

珐琅是以长石、石英石等为主体，加入颜料，研磨混合后入窑烧炼成的一种釉料，再研制成粉末，可以在玻璃胎或金属胎上描绘花纹、图案或填敷图案，再入窑烧炼就成为色彩晶莹鲜艳的珐琅制品了。

以玻璃为胎，用珐琅彩在上面作画，是清前期御用匠师的创新，这种玻璃胎珐琅彩鼻烟壶制造技术难度高，因两者熔点接近，易烧中变形，成品率很低。制造工艺复杂，首先由宫廷画家设计画面，呈交皇帝亲自审阅批准，再交工匠烧制，很受皇帝的青睐，因而发展迅速，作品图纹有花卉、花鸟、人物、山川、动物或各种吉祥纹样，绘画多出自名家之手。只要有精品呈献皇帝都如获至宝，存世量少，文献中极少见到帝王将料胎画珐琅鼻烟壶赏赐臣下。目前在国内外鼻烟壶拍卖会上，每创高价者也多是此类鼻烟壶，如2005年12月12日，乾隆年制"御制料胎珐琅彩开光山水鼻烟壶"成交价为3 520 000元人民币。2011年稳居拍卖成交价第一位，2 530万港元的博氏藏品，亦为清乾隆玻璃胎画珐琅鼻烟壶。

乾隆以后，此项制品逐渐衰退，清末偶有出现，许多已非精品。

近年来，由于电炉控温技术成熟，在玻璃胎上烧珐琅彩变得容易，出现了仿器，但水平仍不及前朝制品。

童子抱桃、童子得鱼纹玻璃胎（料胎）珐琅彩鼻烟壶

高：6.7cm，径：4.6cm

●　●　●　○　○　○

鼻烟壶制造精巧，画面绘童子、桃、
鱼图案，寓意"长寿富贵"，画面吉
祥准确，为清中早期作品。

>>> 130

掌中瑰宝
鼻烟壶行藏录
TREASURE
IN PALM
The Collection of Chinese Snuff Bottles

牧羊女玻璃胎（料胎）画珐琅鼻烟壶

高：5.5cm，径：3.4cm

● ● ○ ○ ○ ○

鼻烟壶画面或为"龙女牧羊"（柳毅
传书）故事，胎质细腻，画工细致，
底款为"定王府"。

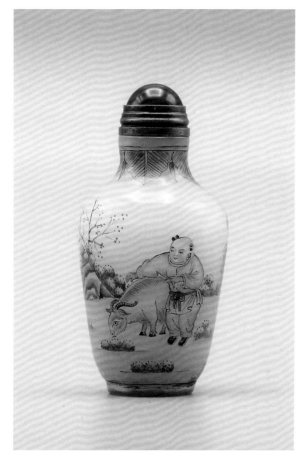

长颈"暗八仙"纹饰玻璃胎（料胎）画珐琅鼻烟壶

高：6.6cm，径：4.05cm

● ● ○ ○ ○ ○

鼻烟壶颈部蕉叶纹为珐琅彩，八面
开光内画有粉彩八仙的法器，底款
为"乾隆年制"。

掌中瑰宝
TREASURE
IN PALM

透明玻璃胎花鸟纹画珐琅鼻烟壶

高：6.95cm，径：2.8cm

● ● ● ○ ○ ○

鼻烟壶为蓝色透明玻璃胎，花鸟画面
生动活泼，色彩丰富。

透明多面体画珐琅彩鼻烟壶

高：4.2cm，径：3.8cm

● ● ● ○ ○ ○

鼻烟壶为蓝色透明玻璃面上绘有红、
白梅花图案，晶莹可爱。

大雁纹画珐琅彩鼻烟壶

高：7.2cm，肩宽：3.9cm

● ○ ○ ○ ○ ○ ○

鼻烟壶画面比较呆板生硬，应为民国或以后采用电炉烧制的产品。

梅花鹿纹饰料胎画珐琅彩鼻烟壶

高：6.05cm，肩宽：3.8cm

● ○ ○ ○ ○ ○

鼻烟壶画面比较生硬呆板，应为民国或以后用电炉仿制的产品。鹿谐音"禄"，象征功名利禄，亦有"鹤鹿同春"健康长寿之意。

红色透明玻璃地画珐琅鼻烟壶

高：6.46cm，宽：4.8cm

● ● ● ○ ○ ○

鼻烟壶呈椭圆形，外部有单色珐琅纹饰，绘有瓶、缸、花篮，内插花卉、石榴等。底款为"乾隆年制"。

黄色透明玻璃胎珐琅彩鼻烟壶

高：6.4cm，径：4cm

● ● ○ ○ ○ ○

鼻烟壶瓶形直口，椭圆足，透明玻
璃胎上施珐琅彩绘牡丹云雀纹，底
上蓝色胡轩款，为清末民初制壶作
坊产品。

黄色珐琅彩绘金鱼鼻烟壶

高：6.5cm，腹径：4.5cm

● ● ● ○ ○ ○

鼻烟壶瓶形直口，椭圆足，黄色胎面上珐琅彩绘金鱼两尾，游弋水草间，生动传神，背面绘有牡丹纹，底款"乾隆年制"。

料胎珐琅彩梅花图鼻烟壶

高：5.0cm，腹径：4.5cm

● ● ● ● ○ ○

鼻烟壶为扁瓶形，椭圆形圈足，涅白玻璃胎上施全黑底珐琅彩。壶身通体绘有老梅树，盛开白色梅花。

涅白料地珐琅彩大吉花卉鼻烟壶

高：5.2cm，腹径：4cm

● ● ● ● ● ○

鼻烟壶通体绘有牡丹、玫瑰、竹枝等珐琅彩纹饰，花丛间绘有雌鸡和鸽子等数只，图面生动，瓶颈绘有如意头形珐琅彩纹饰，圆形底足书有"乾隆年制"蓝色珐琅款。

360° 手机扫码 – 看视频
全方位欣赏鼻烟壶

玻璃胎珐琅彩八棱面花鸟纹鼻烟壶

高：6.0cm，肩径：4.8cm

● ● ● ● ○ ○

鼻烟壶为八棱赏瓶式，在浅粉蓝色玻璃胎上画通景花卉纹，绘有各色牡丹数朵及蝴蝶数只，花卉下绘雌雄长尾雉鸟一对，瓶颈部绘有金色回文一圈，图画细致，料器鼻烟壶有"袁字坯""勒家坯"和"辛家坯"三种不同色调的壶坯，其中"勒家坯"以藕粉色地见长；而"辛家坯""袁家坯"则以含雪花状小气泡的珍珠地见长。本品为典型藕粉色。圆底中绘蓝色"道光年制"楷书款。

白料地长颈四方形花纹鼻烟壶

高：8cm，腹宽：2.6cm

● ● ● ● ● ○

鼻烟壶四面长方形开光，三面绘有彩
色花鸟纹，一面为竹丛林中蝙蝠一只，
绘图精致，长颈上绘有黄底穿枝化纹，
方形底足，书写"乾隆年制"蓝色珐
琅款。

360° 手机扫码－看视频
全方位欣赏鼻烟壶

玻璃胎兽纹赏瓶式鼻烟壶

高：6.2cm，腹径：4.2cm

● ● ● ● ● ○

鼻烟壶通体正面绘有花丛中"京哈巴狗"一只，背面绘有玩赏花猪一双，动物图面生动传神，毫毛毕现，长颈部绘有下垂蕉叶纹，圆形底足书有"乾隆年制"蓝色珐琅款。

手机扫码－看视频
全方位欣赏鼻烟壶

御制料胎椭圆开光花鸟纹鼻烟壶

高：6.2cm，腹宽：4.2cm

● ● ● ● ● ●

椭圆形两面开光花鸟纹粉彩鼻烟壶，一面绘两只喜鹊相对栖于枝头，另一面绘两只鸽子飞翔嬉戏于草丛之上，绘画生动细致，达到了清早期粉彩制瓷之高峰。鼻烟壶上所画与现藏于台北故宫博物院的郎世宁绘《仙萼长春图册》中樱桃一幅几近相同，说明清宫画院与鼻烟壶作坊关联密切。六边形底足，书"乾隆御制"蓝色珐琅款。"乾隆御制"表示该鼻烟壶的制造，曾受命于皇帝。

手机扫码 - 看视频
360° 全方位欣赏鼻烟壶

御制料胎六方开光花鸟纹鼻烟壶

高：5.8cm，腹宽：3.8cm

● ● ● ● ● ● ●

六角形两面开光花鸟纹粉彩鼻烟壶，凸腹开光面上，一面绘有一对长尾绶带鸟栖于牡丹花丛，另一面绘有两只兰雀，或飞翔或栖于桃花枝上，绘图生动细致，是清朝早期粉彩瓷精品之作。六边形底足，书"乾隆御制"蓝色珐琅款。"乾隆御制"表示该鼻烟壶的样式图案曾经皇帝批准。

360° 手机扫码 – 看视频
全方位欣赏鼻烟壶

白料胎四方开光花鸟纹鼻烟壶

高：7cm，底宽：3cm

● ● ● ● ● ○

方形壶体，呈上小下大（逐渐放大），四方形截面，各面开光绘有花鸟，每面有梯形开光，各绘有花鸟纹，生动细致。壶颈部有描金浮雕花纹，底部有一圈描金芭蕉叶浮雕，图面生动细致，方形底足内有"乾隆年制"蓝色珐琅款。

手机扫码－看视频
全方位欣赏鼻烟壶

料胎葫芦形花卉纹鼻烟壶

高：7cm，底径：3.5cm

● ● ● ● ● ○

鼻烟壶洁白釉面通体绘有牡丹花纹和
彩蝶三只，绘图细致传神。壶颈部绘
有蕉叶纹，圆形底部书有"乾隆年制"
蓝色珐琅款。

360° 手机扫码 - 看视频
全方位欣赏鼻烟壶

料胎珐琅彩多棱扁鼻烟壶

高：5.2cm，腹宽：4.5cm

● ● ● ● ● ○

鼻烟壶为多棱扁壶，两面开光，一面
画有一只牧羊犬，另一面画有一只京
巴狗，画法细致，活灵活现，出自宫
廷画师之手，底款"乾隆年制"。

手机扫码 - 看视频
360° 全方位欣赏鼻烟壶

料胎满镀金花鸟纹鼻烟壶

高：6.4cm，径：4.0cm

● ● ● ● ● ○

鼻烟壶为料胎长圆形，全体满镀金地，上绘荷花和翠鸟一对、菊花丛并画眉鸟一对。图画工整，色彩鲜明。底款"乾隆年制"。

手机扫码－看视频
全方位欣赏鼻烟壶

料胎画珐琅瓶式鼻烟壶

高：5.8cm，肩径：3.6cm

● ● ● ● ● ○

白色料胎莹润，通体绘有山居图，远
山近树之间有茅屋一幢、凉亭一座，
画风细腻清雅。底款为"乾隆年制"。

涅白料胎珐琅彩花鸟纹鼻烟壶

高：4.6cm，径：4.5cm

● ● ● ○ ○ ○

涅白料胎，扁圆形鼻烟壶，珐琅彩绘，
一面图案为荷花、荷叶及翠鸟一只，
另一面绘有牡丹花、竹枝及杜鹃鸟一
只。底款为"古月轩"（古月轩可解
释为道光时堂号）。

涅白料胎珐琅彩花篮图鼻烟壶

高：6cm，腹径：5.5cm

● ● ● ○ ○ ○

鼻烟壶为白色地两面各绘有花篮一
只，花篮中绘有各色菊花一束，另
一面花篮中绘有荷花、荷叶，底款
为"古月轩"。

>>> 152

掌中瑰宝
典藏鼻烟壶鉴赏
TREASURE
IN PALM
The Collection of Chinese Snuff Bottles

料胎画珐琅天球瓶式鼻烟壶

高：6.0cm，腹径：4.2cm

● ● ● ● ○ ○

绘有龙凤珐琅彩图案，五爪龙盘绕云
中，生动逼真，山石上有立凤一只。
画面细致入微，为清朝中晚期少有的
鼻烟壶精品。珐琅款为"道光年制"。

黑色料胎花鸟珐琅彩鼻烟壶

高：6.2cm，腹径：5.0cm

● ● ● ○ ○ ○

鼻烟壶呈扁圆形，黑色地两面绘有牡
丹花纹和牡丹花上雉鸡一对，色彩艳
丽，底款为"乾隆年制"。

>>> 154

掌中瑰宝
鼻烟壶珍品系列
TREASURE
IN PALM
The Collection of Chinese Snuff Bottles

料胎人物故事纹粉彩鼻烟壶

高：6.4cm，径：3.8cm

● ● ● ○ ○ ○

鼻烟壶为类葫芦形料胎，上绘有一农
夫荷锄、一农夫牵牛、一樵夫担柴、
一小童提饮食篮，四人交谈，另面通
体山石、树木，绘画精细传神，底款
为"乾隆年制"，上部有长方章款，
书"旭之"。

涅白料胎珐琅彩蝴蝶纹鼻烟壶

高：5.4cm，径：3.8cm

● ● ● ○ ○ ○

鼻烟壶为圆柱形，壶白色地上满绘大
小蝴蝶多只，蝴蝶色彩缤纷。古人认
为死亡并不是终结，而是一种形的转
变，躯体死亡是灵魂的解脱，如梁山
伯、祝英台化蝶的故事，象征着自由、
美丽。底款为"益德成"。

天球瓶式粉彩鼻烟壶

高：5.6cm，径：3.6cm

● ● ● ● ○ ○

鼻烟壶的胎质细腻洁白，亦可认为是涅白
料胎，画工细致，花木描绘传神，彩蝶飞舞，
颈部珐琅釉，款"道光年制"。

天球瓶式粉彩鼻烟壶

高：5.3cm，腹径：3.65cm

● ● ● ● ○ ○ ○

鼻烟壶胎质细腻洁白，亦可认作涅白
料胎。画面为工整的花鸟、蝴蝶纹饰，
绘制精细，可见清中期官窑仍有鼻烟
壶佳品。颈部珐琅釉款"道光年制"。

透明玻璃套金彩料鼻烟壶

高：5.5cm，径：4.0cm

● ● ○ ○ ○ ○

鼻烟壶呈圆形截面，上部下部有金彩
雕塑花卉纹饰，中部通景绘有树木、
河流、远山、人物、房屋等，画法细
致，圈足内画"乾隆年制"。

粉彩料胎赏瓶开光花鸟纹鼻烟壶

高：7cm，腹径：4.6cm

● ● ● ● ○ ○

鼻烟壶呈赏瓶式样，桃形五面开光，
内绘有各种花鸟纹，画纹细腻，毛髮
毕现，颈部为黄色底上绘有勾莲纹。
口沿为金色蕉叶状，圆底内书有"乾
隆年制"蓝色珐琅款。

粉彩料胎两面开光花鸟图鼻烟壶

高：6.5cm，腹径：3.6cm

● ● ● ● ● ○

鼻烟壶呈玉壶春式两面开光，一面绘
有玫瑰花丛、桃花枝上栖鸟两只及蝴
蝶；另一面绘有牡丹花一丛，并长尾
雉鸟一只，圆底内书有"行有恒堂"
蓝色款式，为道光朝的年号。

长扁圆形料胎粉彩山水纹鼻烟壶

高：6.8cm，径：3.5cm

● ● ● ○ ○ ○

鼻烟壶为涅白底，通景绘有山川、树
木、瀑布、风景，画工细腻，椭圆圈
足内书"乾隆年制"。

料胎满镀金底花鸟纹鼻烟壶

高：6.4cm，腹宽：4.6cm

● ● ● ● ○ ○

鼻烟壶呈扁背壶形，一面绘有牡丹和绶带鸟，另一面绘有两只云雀和牡丹丛，画面工整，色彩亮丽。底款为"乾隆年制"。

>>> 162

掌中瑰宝
鼻烟壶珍品鉴赏
TREASURE
IN PALM
The Collection of Chinese Snuff Bottles

玻璃胎画珐琅彩直筒式花鸟鼻烟壶

高：7.6cm，径：2.6cm

● ● ● ● ● ●

鼻烟壶直筒棱纹上绘有两只绶带鸟栖于桃花树枝，下绘牡丹花丛，料胎细腻，肩部和底边有金色雕饰，底款"雍正御制"。雍容华贵，皇家气派，为世所罕见的珍品。

手机扫码 - 看视频
360° 全方位欣赏鼻烟壶

掌中瑰宝

TREASURE
IN PALM

料胎画珐琅彩花鸟纹鼻烟壶

高：7.8cm，宽：4.2cm

● ● ● ○ ○ ○

鼻烟壶为长方扁壶，两侧分别绘有花
鸟纹，绘画清晰舒朗，椭圆足书"乾
隆年制"。

料胎珐琅彩花鸟桃蝶鼻烟壶

高：6.9cm，宽：3.8cm

● ● ○ ○ ○ ○

鼻烟壶为长方扁形，一面凸雕彩绘
有桃、鸟、蝴蝶纹，另一面为花、
鸟纹，色彩明亮。椭圆足，有"乾
隆年制"款。

料胎鼻烟壶

高：5.8cm，宽：4.5cm

● ● ○ ○ ○ ○

鼻烟壶为扁圆形料胎，两边开光，一侧绘有两人相对，算卦问卜，一侧绘有夫妻两人，一坐一卧吸烟。民俗画片在鼻烟壶中不多见。椭圆足内画"乾隆年制"，为清代民窑产品。

珐琅彩料胎花鸟纹鼻烟壶

高：5.8cm，腹径：4.2cm

● ● ● ● ● ●

鼻烟壶为球形料胎，四面开光，分别绘有珐琅彩花鸟图案，画法细致入微，为清早期宫廷造办处御制料胎珐琅鼻烟壶中的精品。圈足珐琅款"雍正御制"。

手机扫码 - 看视频
全方位欣赏鼻烟壶

红色料胎天球瓶式鼻烟壶

高：5cm，底径：3.8cm

● ● ○ ○ ○ ○

鼻烟壶为红色料胎，上绘有桃花树一株，有蝴蝶飞舞，圈足为"乾隆年制"款。

料胎珐琅彩花鸟桃蝶鼻烟壶

高：4.3cm，径：4.2cm

● ● ○ ○ ○ ○

鼻烟壶白色料胎分六瓣倭瓜棱形，上贴塑有倭瓜和瓜藤瓜叶、毛虫，无底款。

其他玻璃瓶壶

玻璃瓶壶尚有其他功能的产品。附带收集，供参考。

玻璃内涂银饰舍利瓶壶

高：2.35cm，宽：1.9cm

● ○ ○ ○ ○ ○ ○

舍利瓶壶中舍利为梵文（Sarira）音译，为高僧火葬后剩余骨类物，为信徒建塔供奉，传以佛祖舍利最为尊贵。

素舍利瓶壶

高：3.7cm，宽：2.25cm

● ○ ○ ○ ○ ○

本品为贮存高僧舍利所用。

淡黄色料胎仿玛瑙鼻烟壶

高：6.8cm，径：4.8cm

● ○ ○ ○ ○ ○

鼻烟壶为背壶式料胎，素面淡黄色胎底上漂有彩带纹饰，仿玛瑙质地，椭圆圈足。

3

玛瑙质鼻烟壶

玛瑙的产地广泛而且蕴藏丰富，所以用玛瑙材质制造的鼻烟壶较为普遍，但玛瑙品类繁多，色彩与天然花纹式样多，呈现出不同的条纹斑点，为世人所喜爱，如浆水玛瑙、花斑玛瑙、玛纹玛瑙、锦江玛瑙、红白玛瑙、缠丝玛瑙等。另外，尚有玛瑙内自然异色板块形成各种动植物形象，成为影子玛瑙壶，稀少珍贵，据说拍卖可达几十万元。时至道光年间玛瑙鼻烟壶已成为主流之一。

另外，有巧做玛瑙壶，根据壶面的色变，浮雕图案与玉石巧雕属同类工艺，一般雕琢精细，形态准确生动，构思巧妙，独具匠心。高档玉石的评判标准是"掏膛"的好坏，工匠要从一个小壶口中，掏磨深处的内膛，方法是加入刚玉磨料水浆，用一个逐渐加大弯曲度的铜棒搅拌达到不断使内膛扩大的效果，稍有不慎壶壁破损，制造就完全失败了。

缠丝玛瑙鼻烟壶

缠丝玛瑙是一种进口矿物品种，属于玛瑙中的上品。

黄褐色有白色缠丝玛瑙鼻烟壶

高：5.55cm，腹径：5.0cm

● ● ● ○ ○ ○

缠丝玛瑙鼻烟壶，也可称为玉带横腰，
且掏膛加工精细。

褐色缠丝玛瑙素鼻烟壶

高：7.2cm，径：5.9cm

● ● ○ ○ ○ ○

鼻烟壶色泽红褐色，透明度差，在
光照下可见网状丝纹，近似于南红
玛瑙。

黄褐色半透明方形鼻烟壶

高：5.9cm，宽：4.2cm

● ● ○ ○ ○ ○

方形玛瑙鼻烟壶呈半透明状，内呈现
缠丝纹。

玛瑙天然涡纹鼻烟壶

高：5.0cm，腹径：4.0cm

● ● ○ ○ ○ ○

鼻烟壶为扁圆瓶式，通体灰色主调，天然形成两组涡旋纹，纹形奇特。

缠丝玛瑙鼻烟壶

高：4cm，径：4cm

● ● ○ ○ ○ ○

多层缠丝玛瑙鼻烟壶，半透明质。壶扁圆形，小巧玲珑，掏膛考究。

浅色缠丝纹玛瑙鼻烟壶

高：5.5cm，径：4.4cm

● ○ ○ ○ ○ ○

鼻烟壶呈扁圆形，素面有倾斜缠丝细纹，两侧雕有辅圈足，无款。

浅色斑纹水上漂玛瑙鼻烟壶

高：5.5cm，宽 4.0cm

●●●●○○

玛瑙鼻烟壶为浅色，上呈小舟岛礁形斑块，
掏膛十分考究，壶壁十分薄，整壶可漂水
上，加工费要按加工减重计算。水上漂玛
瑙壶为珍品。

扁方形素面半透玛瑙鼻烟壶

高：6cm，宽：3.5cm

● ● ○ ○ ○ ○

扁方形素面鼻烟壶，质地为半透明灰白色玛瑙，两侧刻铺首，椭圆圈足，冰清玉洁，玲珑小巧。玛瑙鼻烟壶在清代制作数量多，以道光年间及以后的作品为多。优质玛瑙鼻烟壶有天然影子鼻烟壶、巧雕鼻烟壶、水上漂鼻烟壶、苏作玛瑙鼻烟壶、玉带缠腰鼻烟壶等。

扁圆形素面条纹玛瑙鼻烟壶

高：5cm，径：4.2cm

● ● ○ ○ ○ ○

鼻烟壶素面上有黄绿色云状条纹，素雅小巧，椭圆圈足。

影子玛瑙鼻烟壶

玛瑙内部色彩自然形成动植物图像，滢然成趣，属珍稀品种。

为凸显内部画面，需要将壶内尽量挖空，使壶壁变薄透光，而玛瑙材质坚硬，硬掏十分费工，有"掏膛一克工钱等价一克金"的说法，所以玛瑙鼻烟壶加工好坏要看内部加工量大小。在壶壁达到一定薄度后，整个壶体可漂浮于水面，称"漂壶"，属于特优级品。

鱼藻纹影子鼻烟壶

高：6.1cm，径：3.9cm

● ● ○ ○ ○ ○

鼻烟壶画面图案呈"金鱼正下潜入
水藻丛"样子，壶壁薄，属于"漂壶"。

长方形卧熊影子鼻烟壶

高：6.5cm，宽：3.2cm

● ● ● ○ ○ ○

鼻烟壶内部图案在左下角呈
卧熊状，天然花纹，本壶壶
壁极薄，为"水上漂壶"类。

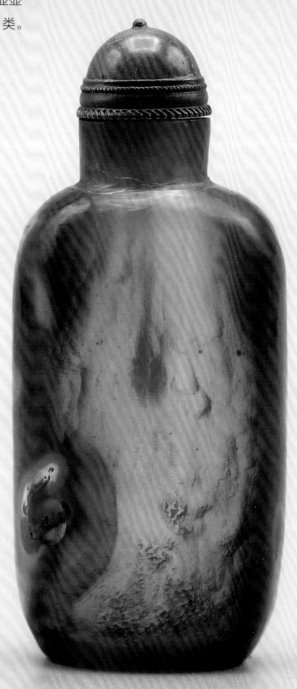

荼蘼架花丛影子鼻烟壶

高：7.5cm，径宽：4.2cm

● ● ● ○ ○ ○

鼻烟壶内自然图案呈一个藤本植
物的花架，叶丛中杂有红色花朵，
十分美丽，"荼蘼架"的花名出
自《红楼梦》中描述。

巧雕玛瑙鼻烟壶

利用玛瑙表面皮色，发挥雕刻家的想象力，巧用材料形成图案，可达巧夺天工的效果，这种技巧在和田籽料玉雕中大量出现，现用于玛瑙鼻烟壶制作，是新品种的创造。

玉米墨鼠巧雕玛瑙鼻烟壶

长：7.7cm，肩宽：2.5cm

● ● ○ ○ ○ ○

鼻烟壶整体呈玉米棒形，上伏两支墨鼠，形态自然，是用玛瑙外皮色巧雕而成。

苦瓜蝙蝠玛瑙鼻烟壶

长：8.0cm，腹径：3.0cm

● ● ○ ○ ○ ○

玛瑙鼻烟壶整体呈苦瓜外形，上伏刻蝙蝠一只。

鱼形玉髓鼻烟壶

长：7.2cm，腹径：2.8cm

● ● ● ○ ○ ○

没有或很少花纹而又透明度高的玛瑙也称玉髓。本品为一游动鱼形，刻画细致。

玛瑙五层巧雕鼻烟壶

高：6.5cm，径：4.0cm

● ● ● ● ○ ○

玛瑙鼻烟壶横向有五层色泽，最下三
层为两层黄褐色，中间夹白色半透明
作成鼻烟壶主体，玛瑙上两层为白色
荷叶上，巧雕两尾黄红色鲤鱼，掏膛
工整，做工精巧，立意新颖，是玛瑙
巧雕作品中稀有的精品。

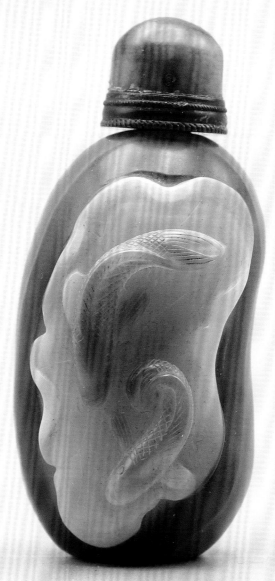

素面玉髓鼻烟壶

高：6.2cm，径：4.3cm

● ● ● ○ ○ ○

玛瑙玉髓鼻烟壶半透明状，内表面刻画水波纹形。

玛瑙浮雕龟鹤鼻烟壶

高：5.7cm，腹宽：4.5cm

● ● ● ○ ○ ○

鼻烟壶为黑褐色玛瑙材质，浮雕龟鹤纹寓意"长寿吉祥"，玛瑙掏膛工整。

玛瑙巧雕青蛙鼻烟壶

高：5.2cm，径：3.6cm

● ● ● ○ ○ ○

鼻烟壶为灰褐两色玛瑙制品，壶面浅浮雕荷叶纹，上立有巧雕褐色青蛙一只，雕工传神，掏膛工整。

玛瑙白地黑斑鲇鱼形鼻烟壶

长：7.8cm，宽：2.4cm

● ● ○ ○ ○ ○

鼻烟壶由黑斑白地玛瑙雕刻，造型生动传神。

玛瑙巧雕鲇鱼形鼻烟壶

长：7.8cm，宽：2.4cm

● ● ○ ○ ○ ○

鼻烟壶为黑玛瑙质鲇鱼造型，造型生动传神。清道光年间国力衰落，皇家已不再烧造画珐琅鼻烟壶，这时玛瑙鼻烟壶制造已成主流，以俏色巧雕或天然图案的玛瑙鼻烟壶最为流行。

扁圆形老丈行旅图玛瑙鼻烟壶

高：6.5cm，宽：4.4cm

● ● ● ● ○ ○

扁圆形鼻烟壶深雕老者山间行走图，
掏膛考究，已达到漂壶水平。

浮雕玛瑙鼻烟壶

高：5.8cm，宽：3.2cm

● ● ○ ○ ○ ○

长方形玛瑙鼻烟壶外雕树下马匹一
只，古朴拙气十足。

镶嵌玛瑙鼻烟壶

在玛瑙鼻烟壶表面镶嵌多种各色宝石，形成各种图案。镶嵌工艺多出现在木器、漆器、家具、文具、妆奁器上，称为百宝嵌，用于加工玛瑙鼻烟壶，也是一种创新。

百宝镶嵌仕女与童戏玛瑙鼻烟壶

高：6.1cm，径：4.3cm

● ● ● ● ○ ○

玛瑙鼻烟壶表面用玉石、青金石、贝壳等材质镶嵌成一位女士在看护两幼童嬉戏。画面色彩丰富，加工繁重。

玛瑙内画鼻烟壶

刻葵花纹玛瑙鼻烟碟

径：5.2cm，高：0.8cm

● ● ○ ○ ○ ○

玛瑙鼻烟碟上刻有 16 瓣葵花纹，刻
工精细，为当代作品。

玛瑙鼻烟碟

径：4.8cm，高：1cm

● ○ ○ ○ ○ ○

圆形玛瑙质烟碟，玛瑙的内云纹清晰，
圆形平底，碟上表面微凹，便于在碟
上放置少量鼻烟。

玛瑙内画"翠堤春晓"鼻烟壶

高：6.0cm，宽：3.0cm

● ● ● ○ ○ ○

鼻烟壶为扁长形，两侧根据玛瑙自然
纹理配合，玛瑙透明处内画湖堤上行
走的人物、驴马等，岸树繁花似锦，
湖中有一游船，秀才坐吟于艄翁之畔。
属于匠人巧做，把玛瑙自然纹理与内
画巧妙结合。如玛瑙鼻烟壶半透明，
而且壁薄时，也可作为内画鼻烟壶。

4

玉石质鼻烟壶

　　清代乾隆年间，大量优质和田玉料进献朝廷，一年约四千斤，而中国特别是文人又有对玉石的偏好，所以玉琢鼻烟壶也兴盛起来。宫廷中玉器多由画师设计好图样后，均由宫廷内务府发文连同玉料送往苏州碾琢，当时苏州的专诸巷是全国琢玉水平最高的地区。所以宫中藏有大量优质玉琢鼻烟壶。

　　一块美玉在能工巧匠手中，经反复碾琢，即可成掌中瑰宝，使人爱不释手。清代人看重玉的温润程度，油性，而不同于现代人重视白玉或兼重视油性。最优质玉料很少见于鼻烟壶制造。其他各类宝石如翡翠、水晶、青金石、蓝宝石、红宝石等，都可作为琢雕成鼻烟壶的选材。

白、青白玉质鼻烟壶

　　清末民初以后玉雕技术广为扩散，有苏作、扬作、京作、广作、河南作，各有特色。现代优质玉以白度、润度、细腻度（如羊脂玉）评价，逐渐减少以产地论玉质，所以除和田玉外，俄料、青海玉等都有优质玉料被接受。

外附圆雕花鸟玉鼻烟壶

高：4.5cm，宽：5.1cm

●●●○○○

本品有圆雕花鸟附于鼻烟壶外壁，亦为一种创新。

浅浮雕山水纹青白玉鼻烟壶

高：6.65cm，径：3.5cm

●●○○○○

鼻烟壶表面整体有浅浮雕，图案为山水纹。

手斧形白玉鼻烟壶

高：6.7cm，宽：3.4cm

●●○○○○

鼻烟壶外形呈手斧状，素面便于把握，也很有特色，且玉质洁白，不失为有特色的藏品。

扁圆形玉鼻烟壶

高：5.1cm，径：5.4cm

● ○ ○ ○ ○ ○

鼻烟壶的壶面单线刻耕牛图，加工简单，工艺性较差。

白玉套雕圆球形鼻烟壶

高：5.4cm，径：4.0cm

● ● ● ● ○ ○

圆形玉制鼻烟壶，上下各有一层透雕可旋转移动的雕花玉环，做工精巧，玉质色白莹润。无款。

青玉仿锁片式鼻烟壶

高：5.5cm，宽：5.6cm

● ○ ○ ○ ○ ○

鼻烟壶呈扁平如意形，仿《红楼梦》中宝玉、宝钗所戴祈福锁片造型。椭圆形圈足，壶正面雕牡丹蝴蝶纹，背面雕"花开富贵"篆书，雕刻精细。玉质莹润，但为青白色。

青玉仿锁片式鼻烟壶

高：5.5cm，宽：5.6cm

● ○ ○ ○ ○ ○

鼻烟壶呈扁平形，仿《红楼梦》中宝玉、宝钗所戴祈福锁片造型。椭圆形圈足，壶正面雕荷塘野鸭图，背面雕"吉祥如意"篆书，周边雕一圈浅回文。玉质莹润，但为青白色。

扁圆形白玉喜字鼻烟壶

高：5.4cm，径：4.6cm

● ● ● ● ● ○

白玉微黄鼻烟壶两面凸雕
"囍"字，为吉庆用品。一
般作为嫁妆，是送给新郎的
礼物。玉质细腻莹润，为和
田玉料制品，掏膛加工到位。
清朝人更偏爱黄玉，与现代
人喜好白玉不同。

360° 手机扫码 - 看视频
全方位欣赏鼻烟壶

扁方蝠形铺首鼻烟壶

高：4.7cm，腹宽：4.7cm

● ● ○ ○ ○ ○

鼻烟壶呈扁方形，两侧铺首雕蝙蝠形，
环抱壶身，表面作亚光处理。

青玉透雕瓶类鼻烟壶

高：4.6cm，底径：4.4cm

● ● ○ ○ ○ ○

鼻烟壶实为青玉透雕有仙鹤花草纹，
为扁葫芦瓶形，雕刻生动形象。

倭瓜形碧玉鼻烟壶

高：3cm，径：4.8cm

● ● ○ ○ ○ ○

鼻烟壶呈倭瓜形，分为六瓣，造型生
动，无款。

>>> 196

掌中瑰宝
鼻烟壶藏品鉴赏
TREASURE
IN PALM
The Collection of Chinese Snuff Bottles

圆形鼓腹式外雕人物白玉鼻烟壶

高：5.2cm，腹径：5.0cm

● ● ● ● ● ○

鼻烟壶为和田白玉籽料雕成，近羊脂质地，一面为王羲之爱鹅图，另一面为高士（伯牙）携童子怀琴访友图，采用清代常用纹饰。壶盖为红珊瑚质地，红白对映，雅致明快，为清代早中期作品。

手机扫码－看视频
360° 全方位欣赏鼻烟壶

青白玉素面扁方形鼻烟壶

高：5.3cm，肩宽：2.6cm

● ● ● ○ ○ ○

青白玉鼻烟壶呈扁方形，朴实可爱，底有少许浸色，长方形底，无款。

竹编纹白玉鼻烟壶

高：5.5cm，径：5.4cm

● ● ● ● ○ ○

白玉鼻烟壶呈扁圆竹编纹饰，
色白温润，掏膛深。

青玉龙凤纹扁瓶式鼻烟壶

高：5.6cm，径：4.6cm

● ○ ○ ○ ○ ○

青玉扁瓶，雕有龙凤纹，玉质一般。

玉髓扁瓶式鼻烟壶

高：7.0cm，肩宽：4.2cm，厚：0.7cm

● ● ● ● ○ ○

鼻烟壶造型呈心形，半透光，壶身扁
平，俗称"乾隆扁"，肩部有对称涡
纹形刻花，是乾隆朝创新作品。

翡翠质鼻烟壶

翡翠属于硬玉，产于缅甸，由于晚清慈禧太后特殊爱好，成为中国顶级玉石之一，一直受到追捧。绿色者称翠，红色者称翡，质地则分玻璃种、冰种、糯米种等，透明度逐级下降。玻璃种全绿色的优级品多用于佩饰，十分贵重，不可能用于鼻烟壶制作。

漂绿-紫色糯米种翠质鼻烟壶

高：4.5cm，宽：2.85cm

● ● ○ ○ ○ ○

翡翠中有泛紫色斑块称紫罗兰，是一种优质翡翠。表面有浅浮雕。

冰地翡质鼻烟壶

高：5.2cm，肩宽：4.15cm

● ● ○ ○ ○ ○

本鼻烟壶为冰种，有一定透明度，材质较好，呈红色故为翡。

外层透雕转心玉鼻烟壶

高：7.15cm，径：3.15cm

● ● ○ ○ ○ ○

本鼻烟壶为双层结构，外层可旋转，也是一种创新形式。

翡翠质鼻烟壶

高：4cm，肩宽：2.5cm

● ● ○ ○ ○ ○

鼻烟壶呈扁平长方形，小巧，糯米种，
漂绿色竹节状。

漂绿色糯米种翠质鼻烟壶

高：4.9cm，径：3.7cm

● ● ○ ○ ○ ○

本翠质鼻烟壶，虽透明度较差，但有
泛翠色飘带。糯米种是指翠质虽润，
但透明度较差。

水晶质鼻烟壶

水晶质有金丝发晶、天然水晶、熔炼水晶、玻璃仿水晶多种，价值相差较大。颜色有白色、黄色、紫色、茶色不同水晶。金丝发晶是天然水晶中包含的一种丝状包裹体，比较名贵，一般天然水晶中也常含有白色棉絮状包裹体，愈多则成色愈差。熔炼水晶是用粉状天然水晶熔炼而成，品质较差，而人工仿水晶则实为高档玻璃。市场中所称水晶鼻烟壶，质地鱼龙混杂，价值也有很大差别。

金丝发晶素鼻烟壶

高：6.3cm，径：4.3cm

● ● ● ● ● ○ ○

金丝发晶鼻烟壶虽然素面无雕饰，但
材质名贵，而且内掏膛工作量巨大，
属于宫廷内府制造。

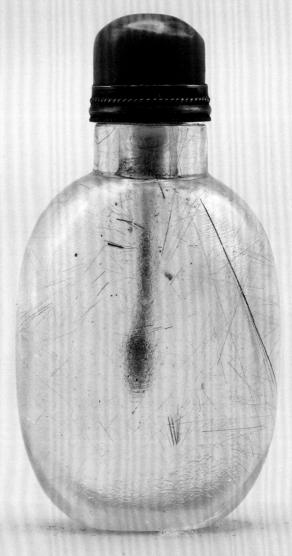

香囊式紫水晶鼻烟壶

高：5.45cm，宽：5.6cm

● ● ○ ○ ○ ○

紫色水晶香囊式鼻烟壶，形式新颖，
更多可能是一种佩饰，作为鼻烟壶的
功能性较差。

荧光水晶鼻烟壶

高：5.9cm，肩颈：3.6cm

● ● ○ ○ ○ ○

鼻烟壶呈扁瓶形，素面淡海蓝色半透
明，有类猫眼状荧光，石质有特色。

"二甲传胪"水晶鼻烟壶

高：6.8cm，径：4cm

● ● ● ○ ○ ○

鼻烟壶为扁圆形，天然水晶质通体
浮雕竹编鱼篓纹，篓纹表面有金色
肥硕螃蟹两只，另一面为一只，称
为"二甲传胪"。雕甲壳类动物寓
意源自科举制度。科举会试第一位
称会元，二甲第一为传胪，传胪得
主由天子到殿宣布，有幸被皇帝呼
名，称"二甲传胪"，暗喻飞黄腾
达之捷径。

瓜棱形水晶鼻烟壶

高：6.8cm，径：4cm

● ● ● ○ ○ ○

长圆十六瓣瓜棱形水晶鼻烟壶，造型简洁，圆润，掏膛考究。

水晶素面方形鼻烟壶

高：4.8cm，宽：3.0cm

● ● ● ○ ○ ○

扁方形水晶鼻烟壶，素面，晶莹，小巧动人。

四系水晶瓶式鼻烟壶

高：5.8cm，径：3.0cm

● ● ● ○ ○ ○

鼻烟壶为水晶制成，上部透明，下部多杂有棉絮状包裹体，瓶式，肩颈部雕有 4 个系绳侧孔，古朴典雅。

其他宝石质鼻烟壶

　　石质材料种类繁多，价值也
相差很大，有的难以判明。

瓜形青金石鼻烟壶

高：5.75cm，腹宽：3.45cm

● ● ○ ○ ○ ○ ○

青金石多为蒙、藏等少数民族所宠爱，
常用于镶嵌佛像首饰等处，青金石也
可用于鼻烟壶制造。

宝石素面鼻烟壶

这类鼻烟壶也有十分名贵者。据传，清光绪年间，某外务大臣淘到红宝石质和蓝宝石质两只鼻烟壶，把市值高的蓝宝石鼻烟壶敬献给西太后、市值低的红宝石鼻烟壶敬献给东太后，没有给太监好处，太监向位高权重的西太后进谗言说红者为尊，轻慢了西太后，结果该大臣反被黜。

高：4.65cm，肩宽：3.85cm

● ○ ○ ○ ○ ○

高：4.1cm，肩宽：2.6cm

● ○ ○ ○ ○ ○

高：3.8cm，肩宽：3.4cm

● ○ ○ ○ ○ ○

斑点纹石质鼻烟壶

高：5.4cm，径：4.8cm

● ○ ○ ○ ○ ○

鼻烟壶为石灰质，内含大量色板块，材质一般。

松石山岩纹鼻烟壶

高：5.95cm，径：3.35cm

● ● ○ ○ ○ ○

绿松石鼻烟壶比较常见，但其中精品也有很好收藏价值。鼻烟壶表面花纹呈条形纹理，分布若山岭岩石画，优美自然。

寿山石雕狮子绣球纹鼻烟壶

高：6.7cm，宽：4.0cm

● ● ○ ○ ○ ○

两边寿山石凸雕狮子绣球图，造型生动，底阴雕"永昌"。

方形四面开光石质鼻烟壶

高：7.1cm，宽：4.05cm

● ● ○ ○ ○ ○

鼻烟壶为石质四面开光，中心镶嵌掐
丝珐琅饰片，双层转心，加工繁复。

褐色方形四面浮雕鼻烟壶

高：4.5cm，宽：3cm

● ○ ○ ○ ○ ○

鼻烟壶为褐色玉石质，呈四方形，各
面雕刻有文房用品，刻面纤细。

石灰石质双面浮雕鼻烟壶

高：6.2cm，腹径：5cm

● ○ ○ ○ ○ ○

鼻烟壶材质较粗劣，但雕工尚可，
表面浮雕送子弥勒佛图，此类鼻
烟壶并不多见。

石灰石质浮雕鼻烟壶

高：6.2cm，径：4.2cm

● ○ ○ ○ ○ ○

鼻烟壶材质一般，但雕工尚可，浮雕
为羊车出行图，十分古朴。清朝初，
新疆优质玉料难以内运，故有此类材
质粗劣而加工工艺水平较高的鼻烟壶
出现。

石灰石立鹰图鼻烟壶

高：6.3cm，径：3.2cm

● ○ ○ ○ ○ ○

鼻烟壶材质低劣，但雕工属中高档
水平。一面雕有猎鹰一只，另一面
雕有长尾类凤鸟一只。

山林自然图案石质鼻烟壶

高：7cm，宽：5.7cm

● ● ○ ○ ○ ○

石质鼻烟壶表面自然花纹，一株高松
兀立，如山石林木图案，引发想象力，
别有情趣。

松石素面天然纹鼻烟壶

高：5.3cm，腹径：4.0cm

● ● ○ ○ ○ ○

鼻烟壶为扁圆形，素面天然纹理，
似山石，似流水，通体呈绿色丝条纹。
松石为质地坚硬且脆状不透明矿物，
颜色多为鲜艳蓝绿色或灰绿色，故
称绿松石。

喜字铺首寿山石鼻烟壶

高：7.5cm，宽：3.0cm

● ○ ○ ○ ○ ○

鼻烟壶呈长方截面瘦长形，两面刻
"囍"字，两侧面有兽面铺首。

玉米形寿山石鼻烟壶

高：7.8cm，宽：2.4cm

● ○ ○ ○ ○ ○

鼻烟壶呈长圆筒形，表面刻有成排粒
状凸起成玉米棒形。

长圆瓶形寿山石鼻烟壶

高：8cm，径：2.6cm

● ○ ○ ○ ○ ○

鼻烟壶呈长圆瓶形，表面刻有多组印
章式图案，如"恭喜发财""财源广
进"等吉语。

金星青金石鼻烟壶

高：5.2cm，宽：5.5cm

● ● ○ ○ ○ ○

宽体背壶式鼻烟壶，素面无雕饰，青
金石材质，胎内有大量金星点点，属
于青金石中上等品质，椭圆底足，两
侧刻有器面铺首。

外刻瓜藤蔓延图案酒桶形鼻烟壶

高：5.8cm，径：3.5cm

● ● ○ ○ ○ ○

鼻烟壶为石质，刻成酒桶形，外有
瓜藤图案，圆底阴刻有"亲"字。

虎睛石背壶式鼻烟壶

高：6.2cm，径：5cm

● ● ○ ○ ○ ○

扁背壶式虎睛石鼻烟壶，壶体正
侧面转动有金光闪烁，别具一格。

5

金属质鼻烟壶

　　鼻烟壶的胎体可以是金、银、铜等多种材质，有铜胎画珐琅、铜胎掐丝（起线）珐琅等多品种。真金器物虽加工容易，但由于材质贵重，此类鼻烟壶即使在宫廷也罕见。而银质材料延展性强，多有采用。

　　铜胎画珐琅、铜胎掐丝（起线）珐琅鼻烟壶生产始于康熙朝。由于工艺繁重，难度大，这种作品在宫廷造办处也很少出品，但康熙、雍正、乾隆都十分喜爱，其形式多样，达到了工艺高峰。但嘉庆以后，由于国力逐渐衰落，质量、数量日减。

　　清宫在康熙年间先后建"养心殿珐琅厂""造办处珐琅作"，工匠大部分由广东征调，还有来自欧洲的技师参与，对珐琅彩鼻烟壶创烧起了重要推动作用。

银质鼻烟壶

银质镂空雕鼻烟壶

高：7.6cm，径：4.5cm

●●● ○ ○ ○

长扁圆形银质鼻烟壶，双面镂空花纹为荷花荷叶鲤鱼纹，纹饰生动，有链条，带挂钩。椭圆足内刻有"张记纹银"字样。

银质葫芦形鼻烟壶

高：5.5cm，下腹径：3.5cm

● ● ○ ○ ○ ○

银质鼻烟壶上部刻有"福"字，下部为两人对坐，底款为"李记足纹"。

凤鸟錾刻银鼻烟壶

高：5.7cm，径：4.15cm

● ○ ○ ○ ○ ○

鼻烟壶呈圆形，两面开光，画面生动，纯银材料易于加工成娇小器物，在鼻烟壶制造有优势，故出现錾花、烧蓝等多种装饰方法，器型也多种多样。

凤鸟造型烧蓝鼻烟壶

高：5.2cm，宽：4.3cm

● ● ● ○ ○ ○

造型为凤鸟的银质鼻烟壶，表面烧蓝彩。这种工艺多用于装饰银质佩饰，用于鼻烟壶也很少见。

银质茄形鼻烟壶

长：5.6cm，径：2.2cm

● ● ○ ○ ○ ○

鼻烟壶银质，造型呈长茄形，茄形表
面附有花纹，栩栩如生，十分独特。

银质扁平壶

高：4.5cm，宽：4.5cm

● ● ○ ○ ○ ○

银质瓶壶可能出自欧洲贵妇用香水
瓶，改作鼻烟壶。壶体表面錾刻有忍
冬纹，壶体小巧，独具一格。

蝴蝶纹银鼻烟壶

高：3.5cm，宽：2.85cm

● ○ ○ ○ ○ ○

银质鼻烟壶，荷包形，表面錾刻有蝴
蝶花纹。从形制上推断可能源于藏族
聚居区。

银质蝶纹特小鼻烟壶

高：6cm，径：4cm

● ● ○ ○ ○ ○

镀金圆形鼻烟壶，中心压刻花纹为游
鱼荷花图，两面纹饰相同。在清代宫
廷很少做金质鼻烟壶，满镀金鼻烟壶
通体金光烁烁，十分华贵。

银胎花瓣型填珐琅鼻烟壶

高：5.2cm，径：3.2cm

● ○ ○ ○ ○ ○

鼻烟壶体呈六角花瓣形，直口径下凸起，
圈足凸起的六个花瓣开光，内凸起勾莲
纹，填蓝光珐琅彩，壶底有纹银字样。

银质錾花净瓶式鼻烟壶

高：6.8cm，径：3.6cm

● ● ● ● ○ ○

鼻烟壶仿净瓶造型，瓶体圆润如珠，
长颈呈旋涡纹，瓶球体一侧錾刻有仙
童嬉戏于花丛柳树之间，另一侧为仙
女以盘饲鸟画面，足底刻"足银"。

铜胎画珐琅鼻烟壶

　　铜胎画珐琅鼻烟壶长期为宫廷和民间喜爱，精品出自康熙、雍正、乾隆三朝宫廷造办处，民间也有少数精品，有"康熙御制"年款真品已极罕见。乾隆朝制造达到高潮，造型丰富多彩，图纹艳丽，出现西洋风景、人物，许多佳品多出自宫廷内中外名画家的手笔，有些画珐琅仿照油画效果，结合欧洲巴洛克艺术风格。在历次拍卖中，成交价屡创新高。

梅瓶式山水画珐琅鼻烟壶

高：6.0cm，肩宽：4.05cm

● ● ○ ○ ○ ○

鼻烟壶为白地中国山水画法，细致入微，绘画表现力强，堪称清代精品力作，类似瓷器中的浅绛色，彩色不牢易于脱落，可惜保藏不佳，釉面明显受损。

婴戏图画珐琅鼻烟壶

高：6.05cm，肩宽：2.9cm

● ● ○ ○ ○ ○

画珐琅彩婴戏图鼻烟壶有中国常见的吉祥图画，婴儿生动活泼，应为民窑中的精品。

花鸟纹画珐琅鼻烟壶

高：7.0cm，肩宽：4.4cm

● ○ ○ ○ ○ ○

鼻烟壶有珐琅彩画花、鸟、蝴蝶等纹饰，画面出自匠人之手，比较呆板。应为民国初年民窑产品。

西方母婴图画珐琅鼻烟壶（一对）

高：5.8cm，径：4.1cm

● ● ● ○ ○ ○

鼻烟壶为一对罐形，圆形圈足，壶身绘
黄色缠枝牡丹纹，两面开光处绘有西
洋仕女、婴儿图，所绘人物面貌清秀，
出自宫廷画师之手，背景绘有西洋建
筑风景，描绘细致入微，造型优美，底
款为"乾隆年制"。

八仙过海画珐琅鼻烟壶

高：6.0cm，宽：4.35cm

● ● ○ ○ ○ ○

方形画珐琅鼻烟壶，画面为八仙过海图，画面繁琐，有很浓的匠人气息，按风格判断为民窑制品。

铜胎画珐琅西洋仕女赏花图鼻烟壶

高：6.0cm，宽：4.0cm

● ● ● ○ ○ ○

鼻烟壶为扁瓶形，平肩正面呈长方形，前后开光分别内绘两仕女赏花游园图，所绘人物面目清秀，出自宫廷画师之手。绘有西洋建筑风景图。底款为"乾隆年制"。

双联瓶式画珐琅鼻烟壶

高：5.9cm，宽：5.7cm

● ○ ○ ○ ○ ○

双联瓶式器物始于清乾隆朝，本件作品风格为民国民窑产品，画有花鸟纹饰，画面匠气很重，底款"乾隆年制"。

荷包式高士图画珐琅鼻烟壶

高：5.05cm，肩宽：6.65cm

● ● ● ○ ○ ○

鼻烟壶画面绘有高士品茶，精微纤细，人物生动传神，是大器小作，应出于名画家之手，可代表清代精品制造水平，可惜保存不佳，画面局部受损。

山水画珐琅鼻烟壶

高：6.5cm，宽：4.4cm

● ● ○ ○ ○ ○

山水纹画珐琅鼻烟壶，所绘画面细致
舒朗，珐琅质地莹润，属民窑上乘之
作，底款为"乾隆年制"。

铜胎画珐琅荷包形鼻烟壶

高：4.3cm，宽：5.0cm

● ● ● ○ ○ ○

鼻烟壶两肩有提环，前后开光绘有西
洋裸女，背景窗外为西式建筑风景。
前后仿西洋油画风格，侧面绘有黄底
缠枝莲纹，底款为"乾隆年制"。

>>> 230

掌中瑰宝
鼻烟壶珍品系列
TREASURE
IN PALM
The Collection of Chinese Snuff Bottles

铜胎黑底梅花珐琅彩鼻烟壶

高：4cm，径：4cm

● ● ● ● ● ○

鼻烟壶为凸腹圆形，铜胎黑地，前后两面共绘有老梅树两株，这种造型和画面始创于雍正时期，梅花枝杈盘根交错，盛开花朵缀满枝头，花蕊细微为浅绿色，曾被雍正帝所赏识。底款为"乾隆年制"。

360° 手机扫码－看视频
全方位欣赏鼻烟壶

鼓腹背壶式铜胎珐琅彩鼻烟壶

高：4.2cm，径：3.5cm

● ● ● ● ○ ○

蓝底通体绘梅花纹铜胎画珐
琅彩，壶身小巧玲珑，口部
绘有蕉叶纹。椭圆底足，有"乾
隆年制"款。

铜胎画珐琅彩山水纹鼻烟壶

高：5.5cm，腹径：3.8cm

● ● ● ● ● ○

铜胎画珐琅彩上绘有山水图，一高士
临水观鱼，细致入微，实为精品。圈
足内书"乾隆年制"。

360° 手机扫码 - 看视频
全方位欣赏鼻烟壶

铜胎画珐琅梅瓶式鼻烟壶

高：5.5cm，胸径：4.2cm

● ● ● ● ● ○

白底上通体绘山水、树木风景图，画
面有一背包袱的赶路人，一双着鲜衣
拄杖行走的老者，画法细腻入微。底
款为"乾隆年制"。

铜胎椭圆形荷包式画珐琅彩鼻烟壶

高：4.2cm，宽：5.4cm

● ● ● ● ○ ○

鼻烟壶铜胎画珐琅制，双肩设提环，
两面开光。一面绘有花枝上栖有双鹊，
配有竹纹，另一面绘花卉彩蝶图，侧
面为黄底缠枝莲纹，制作精细，应为
宫廷制品，底款为"乾隆年制"。

铜胎凤尾式画珐琅彩鼻烟壶

高：5.0cm，下宽：5.5cm

● ● ● ● ● ○

铜胎凤尾式画珐琅鼻烟壶，两面绘西
洋仕女与幼婴在花果园采摘图，人物
开脸清秀，背景为西洋花园景色，底
款为"乾隆年制"。

360° 手机扫码 - 看视频
全方位欣赏鼻烟壶

铜胎画珐琅母婴鼻烟壶

高：3.8cm，径：4.5cm

● ● ● ● ● ○

鼻烟壶为铜胎尊罐形，两侧面有衔环狮耳，两面开光，内绘西洋仕女及幼婴图，人物面貌清秀，背景为西洋风景，为典型的宫廷造物风格。底款为"乾隆年制"。

扁方形莲鱼纹铜胎画珐琅鼻烟壶

高：6.2cm，肩径：4.0cm

● ● ● ○ ○ ○

鼻烟壶在白色底上绘有荷叶、荷花、水草、鲤鱼等，画面丰富，寓意和谐，鲤鱼是富贵财富的象征，荷花、荷叶表廉洁。椭圆圈足内书"乾隆年制"。

铜胎珐琅彩寒江独钓纹饰鼻烟壶

高：5.8cm，肩径：4.0cm

● ● ● ○ ○ ○

鼻烟壶为珐琅彩通景纹饰，绘有山川、树木、池水及其倒景和渔人垂钓图，画工细致入微。圈足内画"乾隆年制"。

荷包式铜胎画罗汉鼻烟壶

高：4.0cm，宽：5.2cm

● ● ● ● ○ ○

铜胎画珐琅彩鼻烟壶，两面开光，内
各画布袋罗汉一尊，周围花卉围绕，
画工精准，釉色莹润，开光外为黄底
缠枝莲图案，肩有双耳环。

荷包形铜胎画珐琅鼻烟壶

高：4.2cm，宽：5.2cm

● ● ● ● ○ ○

鼻烟壶两面开光，画有莲花、荷叶、鲤鱼游弋其间的珐琅彩绘，寓意鲤鱼跳龙门，清廉为官，富贵有余等。四周为黄底缠枝莲纹饰，画工精致。底款为"乾隆年制"。

荷包式铜胎画珐琅鼻烟壶

高：4.0cm，宽：5.0cm

● ● ● ● ● ● ○

通体绘有小桥流水、远山近树图。一面画有一位背包袱的赶路人，另一面为两人对立观瀑。椭圆底，底款为"乾隆年制"。

手机扫码－看视频
全方位欣赏鼻烟壶

淡绿色底铜胎梅花画珐琅鼻烟壶

高：4.2cm，径：3.5cm

● ● ● ○ ○ ○

鼓腹背壶式铜胎画珐琅鼻烟壶，通体绘有
连续老梅树一株，壶身小巧玲珑可爱。

黄色铜胎画珐琅鼻烟碟

直径：4.2cm，高：0.6cm

● ○ ○ ○ ○ ○

鼻烟碟内绘有莲花一支，有飘带围绕，似
为八仙中何仙姑的法器。无款。

圆柱形铜胎画珐琅青花鼻烟壶

高：7.5cm，径：3.0cm

● ● ● ○ ○ ○

铜胎画珐琅鼻烟壶，单一青花发色，
画面为仙女担花篮、芭蕉、飞燕图，
画工精细，清秀文雅，可惜失釉明显。
底款为"乾隆年制"。

铜胎掐丝（起线）珐琅鼻烟壶

　　金属胎起线珐琅鼻烟壶在当时宫廷内也是珍品，由于铜壶娇小玲珑，在狭小的空间用金丝（或镀金丝）盘旋描绘图案，再填珐琅烧制，做功十分繁复，应该是件十分精细的艺术品。在故宫博物院藏品中仅见一件"乾隆年制"款掐丝珐琅勾莲纹瓶形鼻烟壶和一件清晚期掐丝珐琅宝相花纹鼻烟壶，前者珐琅釉彩纯正厚重，没有砂眼，掐丝稍显粗壮，反映出乾隆时期珐琅工艺基本特征，后者釉色不甚纯正，然掐丝纤细均匀，表面光洁细腻，反映清晚期珐琅工艺的特点。由此可见掐丝珐琅鼻烟壶在清代已经罕见。

游龙纹扁圆掐丝珐琅鼻烟壶

高：5.1cm，宽：4.05cm

● ● ● ● ● ○

鼻烟壶镀金掐丝明亮，壶体沉重，掐
丝图案繁密准确，为掐丝珐琅鼻烟壶
的精品。为宫廷造办处产品，配有银
丝缠盘壶盖，有"乾隆年制"底款。

手机扫码 - 看视频
360° 全方位欣赏鼻烟壶

正面龙纹抱月瓶式掐丝珐琅鼻烟壶

高：6cm，宽：4.5cm

● ● ● ● ● ○

鼻烟壶镀金丝光泽明亮，壶体沉重，掐丝图案繁密准确，是掐丝珐琅鼻烟壶中精品，画面图案大气尊贵，应为宫廷造办处的风格。掐丝珐琅制品做工繁琐，又很难表达意境，所以宫廷造办处也制作得不多，更难有佳品呈现，本品实为佼佼者，配有珊瑚壶盖，有"乾隆年制"底款。

手机扫码 - 看视频
360° 全方位欣赏鼻烟壶

葫芦纹方形掐丝珐琅鼻烟壶

高：7cm，宽：2.7cm

● ● ● ● ○ ○

方形截面鼻烟壶，四面白地，绘有彩
色葫芦纹的清爽明快的吉祥图案，掐
丝用金丝光泽明亮，配有琥珀瓶盖。
虽没有款识，但也应为官造。

宝相花纹观音瓶式掐丝珐琅鼻烟壶

高：6.4cm，径：2.8cm

● ● ● ● ○ ○

鼻烟壶为观音瓶式样，两面开光内
画宝相花，开光外为勾莲纹饰，端
庄大方，"乾隆"刻款，表面光洁，
但金属丝已失光泽。

荷包式海水龙纹掐丝珐琅鼻烟壶

高：4.4cm，宽：5.7cm

●●●●○○

荷包式海水龙纹饰，掐丝精细，图案
精准，两肩有提环。金属掐丝光泽已失。
有"乾隆年制"款。

福禄寿扁圆形掐丝珐琅鼻烟壶

高：5.2cm，径：4.7cm

● ● ○ ○ ○ ○

鼻烟壶表面有鹿、蝙蝠、桃形掐丝图案，寓意福、禄、寿俱全的吉祥画面，刻款"乾隆年制"。

球形五蝠掐丝珐琅鼻烟壶

高：7.0cm，腹径：4.85cm

● ○ ○ ○ ○ ○

本品为球形五福捧寿鼻烟壶，挑选本鼻烟壶为了进行不同制造技术的差别比较，特选一件制作粗糙产品，是为新中国成立后出口换汇商品的同类鼻烟壶。

台龙纹掐丝珐琅鼻烟壶

5.7cm，腹径：4cm

● ○ ○ ○

掐丝正面龙纹装饰，珐琅为黑色
突显纹饰华贵，另有一凤凰纹铜
丝珐琅鼻烟壶，为一对。所用掐
明亮。底部刻款"乾隆年制"。

铜胎凤纹掐丝珐琅鼻烟壶

高：5.7cm，腹径：4cm

● ● ● ○ ○ ○

铜胎掐丝凤凰纹装饰，珐琅为黄色
底，彩色凤纹凸显华贵，所用掐金丝
明亮，与铜胎龙纹掐丝珐琅鼻烟壶配
为一对。底部刻款"乾隆年制"。

葫芦形五蝠掐丝珐琅鼻烟壶

高：7.5cm，下腹：3.6cm

● ○ ○ ○ ○ ○

鼻烟壶为掐丝珐琅葫芦形，壶体表面
上半部为下翔蝙蝠，下半部为尖叶和
花丛，寓意"福星高照""洪福齐天"，
掐丝较官造为粗放。底款錾刻字"乾
隆年制"。

梅瓶式瓷胎掐丝珐琅鼻烟壶

高：7.5cm，肩径：4cm

● ● ● ○ ○ ○

掐丝珐琅彩鼻烟壶一般为铜胎，很少
在瓷胎上作掐丝珐琅彩。在红色云纹
底上绘有插花两枝，色彩有西洋过渡
色的画法，画面舒朗，圈足内书"乾
隆年制"，是十分有特色而且罕见难
得的鼻烟壶类别。

圆罐式瓷胎掐丝珐琅鼻烟壶

高：6cm，底腹径：3.8cm

● ● ● ○ ○ ○

掐丝珐琅彩鼻烟壶，一般为铜胎，很
少在瓷胎上作掐丝珐琅彩制品，在红
黑底上绘勾莲纹，两面中心有宝相花
纹各一支，色彩丰富，圈足内书"乾
隆年制"。

玉壶春瓶式瓷胎掐丝珐琅彩鼻烟壶

高：8.2cm，底腹径：4.4cm

● ● ● ○ ○ ○

掐丝珐琅彩鼻烟壶多为铜胎，瓷胎上作掐丝珐琅彩鼻烟壶少见，本品在粉色底上作掐丝云纹，中间有宝相花纹各一支，色彩丰富，圈足内书"乾隆年制"。

其他金属胎质鼻烟壶

　　金属胎质鼻烟壶形式多种多样，铜质鼻烟壶出现较早，如 1950 年曾出现顺治年款程荣章刻铜质鼻烟壶，这样最早制造鼻烟壶的时间就从康熙朝提前到顺治元年，成为鼻烟壶的鼻祖。此壶制造粗犷，有北京制造气质，程荣章其人及生活、工作条件已难以考查，如能确认，则是中国最早的鼻烟壶制造者。目前已发现该类鼻烟壶有 20 多个，故宫博物院原副院长杨伯达认为程壶气质粗犷的北方味道犹存。也有人认为仅是清中期作品。

　　对于程壶的真伪年代也多有争论，壶面有椭圆凹面，与后世使用的烟碟几乎一样，对后来烟碟的出现有明显启示。

双层转心铜透雕鼻烟壶

高：4.3cm，径：2.8cm

● ● ● ● ○ ○ ○

双层转心铜胎壶的外表面为龙鱼船形图案，底款为"乾隆年制"。

皮囊式铜鼻烟壶

高：4.1cm，径：2.3cm

● ○ ○ ○ ○ ○

鼻烟壶造型模仿藏族用皮囊壶，带有少数民族风格。

刘关张凸刻头像形六方银鼻烟壶

高：6.4cm，径：2.5cm

● ○ ○ ○ ○ ○

截面六方形银壶体上有刘备、关羽、张飞头像。底款有"足银"和"奉天"印记。多为清代旧物。

高颈圆锤形鼻烟壶

高：8.0cm，腹径：3.3cm

● ○ ○ ○ ○ ○

锤形铜壶表面，一面刻牡丹花一丛，另一面刻一"福"字。

刻花人物纹铜鼻烟壶（一对）

高：6.15cm，径：2.3cm

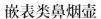

一对铜制鼻烟壶，其中一壶刻麻姑仙女图并诗，乾隆辛卯年制，另一壶刻熟睡书生图诗，沪上作。一对鼻烟壶画面似讲一个故事。

嵌表类鼻烟壶

高：7.3cm，径：4.75cm

鼻烟壶实际上为金属壳怀表，外形呈鼻烟壶形态，一面表面注有 Ω 品牌，另一面镶嵌欧洲仕女瓷片一枚，形象俊美，为一精品。乾隆五十六年海关文件记录了该年粤海关进口大小自鸣钟、时辰表、嵌表类鼻烟壶共 1025 件。

皮囊式小型铜鼻烟壶

高：3.9cm，径：3.2cm

● ○ ○ ○ ○ ○

鼻烟壶有蒙藏少数民族风格，小巧精致，有游牧民族贮水皮囊形态。

镶绿松石和藏文皮囊式鼻烟壶

高：6.65cm，径：4.7cm

● ○ ○ ○ ○ ○

鼻烟壶为蒙藏皮囊式，外部镶嵌有绿松石和藏文字造型，有游牧民族风格。

铜胎嵌喜鹊登梅银纹鼻烟壶

高：6cm，肩径：3.5cm

● ● ○ ○ ○ ○

鼻烟壶为铜制梅瓶式，丰肩、收腹、平底壶身，雕喜鹊登梅图案，嵌填银箔，大器小作。

铜胎葫芦形素漆面鼻烟壶

高：7cm，底径：4.5cm

● ● ● ● ○ ○

铜胎葫芦形鼻烟壶造型奇特，中腹部有
一穿耳，便于马上征伐时携带。素面漆
色莹润古朴，年代久远感强，实为一件
难得的品种，光洁可爱，使人爱不释手，
应为罕见珍品。

錾刻镀金铜胎镶瓷片鼻烟壶

高：5.6cm，径：4.2cm

● ● ● ● ○ ○

铜制镀金鼻烟壶，中间两面开光，镶有绶带鸟牡丹瓷画片，四周錾刻有缠枝莲饰纹，亮丽华贵，底款刻有"乾隆年制"。

扁圆形满镶多色宝石铜胎鼻烟壶

高：6.5cm，径：5.5cm

● ● ● ○ ○ ○

扁圆形鼻烟壶，表面满镶有 74 枚圆形和椭圆形宝石，造型独特。底款为"兴盛"。

掌中瑰宝

鼻 烟 壶 珍 品 鉴 赏

TREASURE
IN PALM
The Collection of Chinese Snuff Bottles

6

有机材质鼻烟壶

Organic Snuff Bottles

中国鼻烟壶特点之一就是用材十分丰富，各种材质都可用来制造鼻烟壶，是其他艺术作品所不及，粗略估计，其用材也在五十种或近百种以上。

鹿角牛角鼻烟壶

鹿角质鼻烟壶

高：6.6cm，底径：4.25cm

● ● ○ ○ ○ ○ ○

鼻烟壶采用鹿角根部直立刻挖成壶，表面多凸起，显粗犷豪爽。也有横向使用鹿角，使鼻烟壶表面起伏多变，似山峦坡地，另有情趣。

鹿角质鼻烟壶

高：6.5cm，宽：4.1cm

● ○ ○ ○ ○ ○ ○

鼻烟壶横向使用鹿角，形如山峦起伏，自然成趣。

牛角质鼠与花生形鼻烟壶

高：5.3cm，底径：3.9cm

● ○ ○ ○ ○ ○

花生与鼠在中国传统文化中也是吉祥寓意，鼠表示多子多孙，花生表示子嗣有男有女，吉祥寓意突显。

牛角质葫芦形鼻烟壶

高：6.15cm，底径：3.15cm

● ● ○ ○ ○ ○

葫芦形制品在中国传统艺术品中多用其寓意"福禄"，大小葫芦并依，表示子孙绵延不断。这是一种传统的吉祥造型"子孙葫芦"，寓意子孙有福祉。

角浮雕双龙鼻烟壶

高：5.2cm，宽：4.4cm

● ● ○ ○ ○ ○

鼻烟壶为虬角材质，肩部雕双龙环绕。

牛角质童子抱鱼圆雕鼻烟壶

高：5.5cm，宽：4.0cm

● ○ ○ ○ ○ ○ ○

鼻烟壶主体为圆雕鲤鱼一条，外附抱
鱼童子，雕工尚可。

牛角质童子鲤鱼鼻烟壶

高：6cm，宽：4.6cm

● ○ ○ ○ ○ ○

鼻烟壶主体为一尾立式鲤鱼，旁有圆
雕童子，表示"吉庆有余"的寓意，
配有荷花、荷叶。

黑色类犀牛角鼻烟壶

高：5.2cm，肩宽：4.8cm

● ● ○ ○ ○ ○

黑色鼻烟壶表面通体鱼子纹，两侧
铺首为蝙蝠两翅膀合抱壶身，延伸
到正反两面。所用何种角质有待进
一步确认。

牛角质诗文鼻烟壶

高：6.7cm，宽：4.7cm

牛角质扁方形鼻烟壶，双面刻李白的《黄鹤楼送孟浩然之广陵》："故人西辞黄鹤楼，烟花三月下扬州。孤帆远影碧空尽，唯见长江天际流。"字迹工整。

牛角质浮雕鼻烟壶

高：6.2cm，腹径：4.5cm

鼻烟壶为椭圆扁平形，椭圆正面凸刻，童子卧莲叶上，背面凸刻聚宝盆、摇钱树图案，雕工生动。

>>> 270

掌中瑰宝
鼻烟壶珍品鉴赏
TREASURE
IN PALM
The Collection of Chinese Snuff Bottles

象牙及骨类质鼻烟壶

象牙及骨类材质常被制造成各种
工艺品，自然也用于鼻烟壶制造。

象牙寿星图案鼻烟壶

高：4.3cm，底宽：3.55cm

● ● ○ ○ ○ ○

鼻烟壶小巧玲珑，寿星图案，寓意
吉祥。

牙质印度教智慧佛像鼻烟壶

高：5.75cm，宽：4.75cm

● ● ● ○ ○ ○

鼻烟壶一面刻六瓣花纹中书梵文，另一面浮雕印度智慧佛像，工艺精湛，材质细腻，所用为何种角类物质，还有待查证。

扁圆骨雕故事纹鼻烟壶

高：6.2cm，肩宽：4.9cm

● ● ○ ○ ○ ○

鼻烟壶两面细雕故事纹饰，如游园惊
梦、才子佳人等故事。

圆形牙雕鼻烟壶

高：6.5cm，径：4.2cm

● ● ○ ○ ○ ○

鼻烟壶面刻仕女蕉下纳凉图，画面传神，刻画精准，出自画家之手，非匠人能做到。

牙雕两童子鼻烟壶

高：4.1cm，径：4.1cm

● ● ● ○ ○ ○

鼻烟壶面刻两童子，在户外休憩，刻画精准，说明刻雕者有较高绘画水平。

牙雕筒形刻竹纹鼻烟壶

高：3.7cm，径：2.8cm

● ● ○ ○ ○ ○

鼻烟壶面刻修竹文饰，简洁传神，文人俊雅意境浓厚。

橄榄形刻蝙蝠和松树纹鼻烟壶

高：4.9cm，腹径：3.1cm

●　●　○　○　○　○

鼻烟壶外形为橄榄形，雕刻画面为
松树、蝙蝠，寓意长寿、幸福，细
致传神，也是一件精心作品。

鹤顶红象耳鼻烟壶

高：5.2cm，宽：4.8cm

● ● ● ○ ○ ○

鼻烟壶材质"鹤顶红"源自鹤鸟类头骨，材料稀有，两肩部刻象首，正面浮雕饕餮纹。饕餮多用作古代礼器鼎类青铜器上作图案装饰，它是一种神话中贪食的凶猛野兽。

类虬角鼓泡形素面鼻烟壶

高：4.5cm，径：4cm。

● ○ ○ ○ ○ ○

鼻烟壶鼓泡形素表面有细鱼子纹，黄褐色有黑斑，角质特点。

筒形角质雕双鱼纹鼻烟壶

高：6.2cm，径：2.5cm

● ● ○ ○ ○ ○ ○

角质鼻烟壶，一面雕双鱼戏水，附雕荷花萍叶等纹饰，清新雅致。

扁圆角质鼻烟壶

高：9.6cm，宽：4.6cm

● ○ ○ ○ ○ ○ ○

扁圆角质鼻烟壶，一面雕有狮子滚绣球图案，另一面光素无纹。

竹木质鼻烟壶

以竹、木等易得材质，也可做出工艺十分精美的鼻烟壶，凸显品质淡雅。

乌木炭镶象牙刻片鼻烟壶

高：5.5cm，腹径：2.9cm

● ○ ○ ○ ○ ○

以乌木作宝瓶式鼻烟壶，简单不俗，镶白色象牙刻片，以提高其品味。

竹根兽耳铺首鼻烟壶

高：7.1cm，肩宽：7.15cm

● ● ○ ○ ○ ○

采用竹根仿青铜尊式鼻烟壶，造型古朴，两侧刻似大角羚羊铺首。

竹刻青夔纹四方鼻烟壶

高：5.5cm，肩宽：2.5cm

●●●●●○○

竹制四方瓶形烟壶，丰肩收腹，平底，每面均有凸雕刻夔（kuí）龙纹，该制作技巧为江浙一带竹雕绝技。以大型的南竹为原料，用刀劈去竹青和竹肌，仅留下一层薄竹簧片，经过水煮、晾干、压平等工序，然后用胶粘于烟壶表面，再施雕刻而成，故又称为"贴簧""反簧""竹簧"等。本品肩部用贴簧雕披肩式菊瓣纹，与近底处菊瓣纹相呼应，烟壶正面各凸雕龙纹。

竹刻青关羽像鼻烟壶

高：7.15cm，宽：5.3cm

● ○ ○ ○ ○ ○

有一类竹制鼻烟壶工艺是用刻竹留青成画面，本品为刻画成关羽像，像呈傲气英武,充分反映关公的性格特质。

竹根素面鼻烟壶

高：6.85cm，径：5.85cm

● ○ ○ ○ ○ ○

鼻烟壶巧用竹根毛孔的点状纹饰，作为朴素视觉表达。

硬木素面鼻烟壶

高：5.5cm，肩宽：4.4cm

● ● ○ ○ ○ ○

鼻烟壶素面是为了突出显示其美丽木纹图案。

木刻竹编鱼篓形鼻烟壶

高：6.25cm，腹径：4.75cm

● ● ○ ○ ○ ○

鼻烟壶外形加工竹编呈鱼篓形，形象
生动，简朴可爱。

乌木茄形鼻烟壶

长：8.8cm，腹径：2.2cm

● ○ ○ ○ ○ ○

由乌木或椰木刻茄形鼻烟壶，壶盖
镶金属螺旋口，为近代作品，亦小
巧可爱。

乌木镶嵌青金石鼻烟壶

高：6cm，径：4.5cm

● ○ ○ ○ ○ ○

鼻烟壶为乌木质扁圆壶形，两面内镶
有青金石圆片，不落俗套。

匏、漆质鼻烟壶

匏器制作是采用生长中的葫芦，用外模具紧固，迫使其在模具中生长，葫芦生长中被外模花纹印塑成型。据记载康熙帝曾在瀛台辟出专门园地种植葫芦，制造匏器。

漆器是中国工艺美术制品独有的璀璨明珠，屡积数十道涂层上进行雕刻的图案。多用于家具、日常用品。在鼻烟壶制作上，少见精品。

两种加工方法是中国传统工艺所独有的。

花鸟纹匏制鼻烟壶

高：7.7cm，径：5.9cm

● ● ○ ○ ○ ○

鼻烟壶印塑有花鸟纹图案，配有象牙口沿，匏器制造鼻烟壶是中国匠人的巧思，为世人惊叹。

福寿纹匏制鼻烟壶

高：5.9cm，肩宽：4.5cm

● ● ○ ○ ○ ○

匏器制造鼻烟壶是中国匠人的巧思，外面花纹清晰，壶口作象牙唇边，十分俊雅，有象形"龙"字纹，侧面有龙首衔环铺首，成型细致饱满。底款"珍玩"。

雕漆鼻烟壶

高：5.65cm，径：3.15cm

● ● ○ ○ ○ ○

雕漆鼻烟壶上下回字纹，中间为人物故事纹。

脱胎漆制螺钿纹饰鼻烟壶

高：5.4cm，腹宽：3.4cm

● ● ○ ○ ○ ○

长方形漆面上镶嵌有贝壳花纹，中间开光处有樱花一株，外环饰有花形图案，为京派手艺一种，常用于木器家具装饰。

雕漆工艺鼻烟壶

高：6.45cm，宽：5.9cm

● ● ○ ○ ○ ○

漆器鼻烟壶雕穿云龙纹，两侧兽头
铺首。

漆雕鼻烟壶

高：6cm，径：4.2cm

● ● ○ ○ ○ ○

扁圆形漆雕鼻烟壶，一面雕有母鸡携子图，
另一面雕有一对鸳鸯戏水，雕工精细，椭圆
足，无款。

其他类鼻烟壶

现存鼻烟壶材质有瓷，玻璃，金、银、铜等金属，竹木，牙甬，漆，匏等外，还有玉、石、翡翠、宝石、琥珀、蜜蜡、青金石、绿松石、孔雀石、紫砂、水晶、玛瑙、珊瑚、陨石、玳瑁、果核数十种之多。

硅化木素面鼻烟壶

高：5.7cm，宽：3.65cm

● ● ○ ○ ○ ○

鼻烟壶材质为树木长期深埋于地下逐渐硅化成的硅化木，并可以玛瑙化，呈半透明状，也是一种制鼻烟壶的好材料。

核桃镶象牙唇口鼻烟壶

高：5.05cm，径：3.6cm

● ○ ○ ○ ○ ○

坚果果壳类材料制成鼻烟壶，也别有一番情趣。

方形琥珀金鱼花卉纹鼻烟壶

高：5.15cm，宽：3.45cm

● ○ ○ ○ ○ ○

鼻烟壶四面雕刻，工艺普通，侧面有"乾隆年制"方章款。

玳瑁雕花鼻烟壶

高：6.0cm，径：5.45cm

● ● ○ ○ ○ ○

玳瑁制鼻烟壶壶面雕刻的是葫芦藤蔓，上面的小葫芦还可以轻微颤动。

琥珀雕花扁圆形鼻烟壶

高：5.8cm，径：5.2cm

· · · · · · ·

琥珀制扁圆形鼻烟壶，周围有深刻花环围绕，中间镶嵌有金属制西洋女士头像，造型典雅。

手机扫码 - 看视频
全方位欣赏鼻烟壶

珊瑚鼻烟壶

高：4.8cm，宽：4.15cm

● ○ ○ ○ ○ ○

鼻烟壶表面抛光，呈花瓣形珊瑚剖面结构，
十分新颖别致。

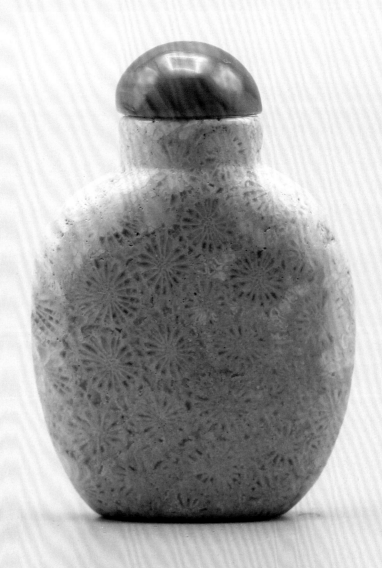

红珊瑚鼻烟壶

高：5.25cm，肩宽：4.2cm

● ● ○ ○ ○ ○

珊瑚生长缓慢，要找到这样大直径的
珊瑚做鼻烟壶也不易得。珊瑚有白、
粉、红不同颜色，以红珊瑚最为贵重，
但本鼻烟壶是经过染色的。

玳瑁云鹤纹鼻烟壶

高：5.8cm，肩宽：5.0cm

● ● ○ ○ ○ ○

鼻烟壶由玳瑁外壳雕刻而成，壶面为
云鹤纹，鹤体可以在一定范围内活动，
雕工细腻。

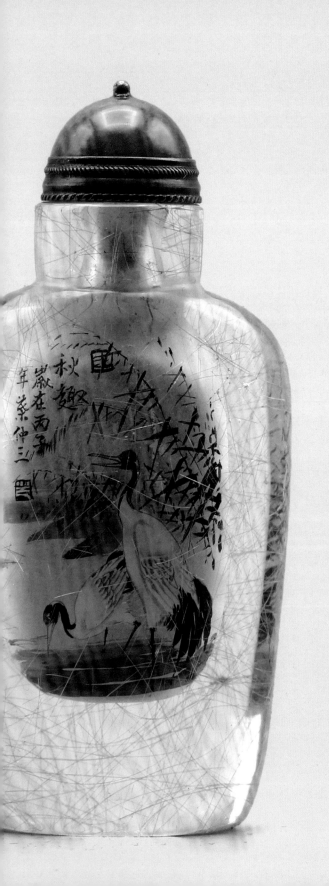

掌中瑰宝

鼻 烟 壶 珍 品 鉴 赏

TREASURE
IN PALM

The Collection of Chinese Snuff Bottles

7

内
画
彩
鼻
烟
壶

Snuff Bottles With
Inside Painting

　　内画鼻烟壶是以透明玻璃或水晶为胎，先用碯英砂在内壁磨出一层浅砂迹，称"串堂"。这有利于留住颜料，再用笔在内壁作画。最初匠人多用竹笔，后来发展出勾形毛笔，画面精细度得到大幅度提高。在壶腹部反向绘画写字需要技巧，难度大，壶口小限制绘画操作，需极高书法绘画功底。画面题材多为花草鱼虫、飞禽走兽、山石树木、江河湖海、神话故事、戏剧人物或人物肖像等。

　　内画鼻烟壶出现得比较晚，故宫博物院张临生专家在《本院收藏鼻烟壶》一文中认为嘉庆时期创新出内绘技法，该院另一位专家夏更起则在《清宫鼻烟壶概述》一文中提到内画鼻烟壶，认为始于光绪年间。

　　莫士撝（Hugh Moss）研究认为内画艺术始自18世纪末，存世最早内画鼻烟壶署名"一如居士"或称甘烜文为业余绘画爱好文人，活跃于1796~1850年。1989年香港苏富比拍卖，曾有款署"甘烜"水晶鼻烟壶是拍场出现最早的鼻烟壶了。

　　赵之谦（1829—1884）撰写《勇卢闲诘》，其中"勇卢"被认为"鼻神"，"诘"意思是追问、探究之意，书中对鼻烟产地，流传鼻烟品类，鼻烟壶的起源发展、质地、品类，集前人著录作，细致论述，是中国最早的有关著作。但书中没有谈到内画壶，有人据此认为内画壶始于光绪年间。赵之谦，字㧑叔，号悲庵，绍兴人，为中国大篆刻家，以书画刻印维持生计。

　　晚清时期内画鼻烟壶名家有以下几位。

　　周乐元（生卒年代不详）：早年是制造宫灯、纱灯的画师，有较高的文化艺术修养，由于多采用竹笔作画，所以画风多近写意派，轻墨淡彩，恬静风雅，自成一派。

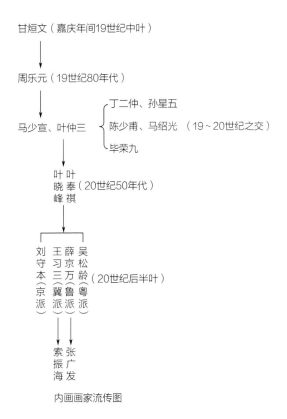

内画画家流传图

马少宣（1867—1937）：遗存作品数量颇丰，尤擅长于肖像和戏剧人物创作，如黎元洪像、张之洞像、英王六世和玛丽皇后像，均形神兼备，受到广泛好评。马少宣内画壶1915年在"太平洋万国巴拿马博览会"上被授予名誉奖。

叶仲三（1875—1945）：作品题材广泛，由于已经采用勾形毛笔，作画可以十分精细，也有工笔重彩的画风。

内画鼻烟壶工艺逐渐形成京、鲁、冀、粤四派，各派独擅其长，绘画技法各有千秋：京派古朴浑厚，代表人物为刘守本；鲁派秀逸飘洒，利用釉彩内画烘烧后，不怕遇水受损；冀派刻画细腻，代表人物王习三，创用金属笔杆，可随需折弯不同角度作画；粤派华丽轻盈，代表人物为吴松龄。

水晶胎内画鼻烟壶

知了果蔬图内画鼻烟壶

高：6.0cm，宽：4.0cm

● ● ● ○ ○ ○

天然水晶鼻烟壶掏膛故意较小，以留出金丝发束供欣赏，落款为"乙酉少甫"。内画鼻烟壶一般有作者署名，有别于其他类型鼻烟壶的作者无法考证。

喜鹊登梅图内画鼻烟壶

高：7.8cm，宽：3.25cm

● ● ○ ○ ○ ○

天然水晶鼻烟壶，故意展示其絮状物，落款为"丙申叶仲三制"。

山水画内画鼻烟壶

高：6.35cm，宽：4.0cm

● ● ○ ○ ○ ○

天然水晶鼻烟壶，掏膛故意留有絮状物，
说明其材质，落款为"陈占元制"。

虫草图内画鼻烟壶

高：4.7cm，宽：3.4cm

● ● ○ ○ ○ ○

天然水晶鼻烟壶，内画鸣虫，细致入微，
落款为"乙酉年冬二仲制"。

山居图内画鼻烟壶

高：6.2cm，宽：3.7cm

● ● ○ ○ ○ ○

内画山川秀美，古树村落，画风老练，
落款为"壬辰春月，孙星五作"。

山水风景内画鼻烟壶

高：6.7cm，宽：3.1cm

● ● ○ ○ ○ ○

天然水晶鼻烟壶，画风古朴，落款为
"壬辰年 静月 周乐元 山水风景"。

水晶花鸟图内画鼻烟壶

高：4.4cm，宽：5.0cm

● ● ● ○ ○ ○

鼻烟壶水晶洁净，两面内画花鸟纹，其中一面为山雀昂首栖于山石之上，旁绘竹枝、山竹花，题款为"望壬辰秋 二仲"，另一面绘有山雀及山茶花。

水晶巴儿狗图内画鼻烟壶

高：5.0cm，腹径：4.6cm

● ● ● ● ○ ○

鼻烟壶扁瓶形，壶内绘有巴儿狗一只，
神态逼真，呈期待渴望主人回归状，题
字为"盼"十分贴切，题款为"叶仲三"。
另一面为诗一首《乙卯冬日》："差逐
长安社中儿，赤鸡白狗赌梨粟。"题款
为叶仲三及印，出自名家之手。

金丝发晶胎仙鹤图内画鼻烟壶

高：6.85cm，宽：4.05cm

● ● ● ○ ○ ○

天然金丝发晶鼻烟壶，内画两只仙鹤。胎
体金丝缠绕，题"秋趣 叶仲三"。

水晶山水图内画鼻烟壶

高：5.5cm，宽：3.5cm

● ● ● ● ○ ○

水晶鼻烟壶内有较多的铁灰色絮
状包裹体，水晶透明处内画山水、
芦苇、渔舟、山石、亭台等与天然
絮状物相配合，颇有层次感，内画
款书"秋山图""二仲"款。

玻璃胎内画鼻烟壶

玻璃胎可以分两种，其一，用水晶料碎块熔炼而成，或称融炼水晶；其二，用优质铅玻璃替代。以上两者与天然水晶在质地、加工方法、价格上有较大区别。

晚归樵图内画鼻烟壶

高：5.9cm，宽：6.95cm

● ● ○ ○ ○ ○

壬辰年周乐元作，有山水、人畜的
典型写意画法，符合周乐元的古朴
风格。

玻璃胎内画瓶式鼻烟壶

高：6.1cm，径：3.0cm

● ○ ○ ○ ○ ○

直瓶式内画鼻烟壶，内画有山水间高士行旅图，内款为"内务府总管李莲英大人亲玩　大清光绪年　叶仲三"。

玻璃胎内画完璧归赵鼻烟壶

高：8.05cm，宽：4.85cm

● ○ ○ ○ ○ ○

鼻烟壶绘赵王、秦王渑池会上的故事画片，蔺相如临危不惧，在外交上为赵国争得荣誉，背面文："拔寨攻城钳帝国，文武二臣传美名。马少宣壬子七月。"

玻璃胎内画昭君出塞鼻烟壶

高：7.95cm，宽：5.15cm

● ○ ○ ○ ○ ○

鼻烟壶绘昭君出塞和亲的故事画片，如何描绘昭君美貌，自古有争议，一说画师王延寿贪贿故意画丑，另说有"意态由来画不得，当初枉杀毛延寿"的诗句为他辩解。题词"为主解忧""叶仲三，丁巳三月"，背面是"昭君自有千秋在，胡汉和亲识见高"的诗句。

玻璃胎内画猎犬鼻烟壶

高：6.0cm，宽 4.8cm

● ● ○ ○ ○ ○

清宫廷有围狩猎的习惯，对犬、马有特别爱好，宫廷画家有用猎犬作画的习惯，犬名金翅。

玻璃胎内画猎犬鼻烟壶

高：7.4cm，宽：4.3cm

● ● ○ ○ ○ ○

清朝宫廷画家常常以犬、马为题材作画，欧美猎犬尤为常见。猎犬特点为细长吻，鼻腔嗅觉灵敏，胸大收腹，肺活量大，有奔跑耐力，腿部细长健壮，奔跑速度高，各种猎犬差别多在耳部，法老王猎犬、巴辛吉猎犬和伊比赞猎犬为直立小耳，格雷伊猎犬、俄国猎狼犬和惠比特猎犬小耳向后，美国猎狐犬中耳下垂，红骨浣熊猎犬为大耳下垂等。本犬名"墨玉璃"，题"丁酉杏月叶仲三作"，背面菊花一丛。

玻璃胎内画关羽像鼻烟壶

高：6.9cm，宽：4.0cm

●● ○ ○ ○ ○

鼻烟壶绘关羽像，高傲冷峻，
形态逼真。

玻璃胎内画人物像鼻烟壶

高：3.65cm，宽：方寸间2.3cm

● ● ○ ○ ○ ○

马少宣以内画人物最为成功，2011年邦瀚斯以216万港元成交一件马少宣水晶内画蒋雁行鼻烟壶。本壶落款"乙丑冬月马少宣，张人骏"，背书："黄河远上白云间，一片孤城万仞山。"本品壶体小巧，在方寸间绘人物毫鬟毕现，难度更大。

玻璃胎内画人物像鼻烟壶

高：6.55cm，宽：4.7cm

● ● ○ ○ ○ ○

马少宣以内画人物肖像最为著名，本壶落款为"壬戌夏月马少宣，李经芳"，背书："两个黄鹂鸣翠柳，一行白鹭上青天。窗含西岭千秋雪，门泊东吴万里船。"

玻璃胎内画蒋中正像长扁形鼻烟壶

高：7.8cm，宽：4.8cm

● ● ● ○ ○ ○

长扁形玻璃胎内画鼻烟壶一面为蒋
中正（蒋介石）青年时期便装像，
另一面书有"人间清品如荷，极学
者虚怀与竹同"。有款为"戊辰八
月马少宣"。

玻璃胎内画梅兰芳像扇形鼻烟壶

高：5.5cm，肩宽：6.0cm

● ● ● ○ ○ ○

扇形玻璃胎内画鼻烟壶一面绘有梅兰
芳戏装像，另一面书有"人谁无过，
过而能改，善莫大焉"，有款为"乙
丑冬日马少宣"。

>>> 310

掌中瑰宝
鼻烟壶珍品鉴赏
TREASURE
IN PALM
The Collection of Chinese Snuff Bottles

玻璃胎内画高士对弈图鼻烟壶

高：6.35cm，宽：5.1cm

● ○ ○ ○ ○ ○

鼻烟壶落款"乙亥冬日，周乐元"。
周乐元作画用竹笔，所以画风写意，
线条朴实。

玻璃胎内画山水图鼻烟壶

高：5.65cm，径：4.7cm

● ○ ○ ○ ○ ○

本鼻烟壶画风呆滞，非出自名家之手，落
款为"京师马少宣"，恐为伪作。

玻璃胎内画骏马图鼻烟壶

高：6.2cm，宽：6.8cm

● ● ○ ○ ○ ○ ○

犬、马是清廷狩猎喜爱之物。本壶落
款"壬寅杏月，叶仲三作"。

玻璃胎内画花鸟图鼻烟壶

高：7.9cm，宽：5.15cm

● ○ ○ ○ ○ ○

花鸟纹内画鼻烟壶，落款"丁酉孟冬
二仲"。

玻璃胎内画老子观井图鼻烟壶

高：6.0cm，宽：3.2cm

● ○ ○ ○ ○ ○

内画鼻烟壶为故事画片，落款为"老子观井"，背书"末代皇帝雅属爱新觉罗溥仪宣统元年，马少宣"。

玻璃胎内画仕女图鼻烟壶

高：7.25cm，径：3.7cm

● ○ ○ ○ ○ ○

内画双姝，身材比例合适，仪态传神，署名"丁二仲作"。

玻璃胎内画松鼠图鼻烟壶

高：6.7cm，宽：3.6cm

● ● ○ ○ ○ ○

松鼠纹内画鼻烟壶，松鼠毛鬓根根凸
显，画法细致，落款为"甲辰少甫"。

玻璃婴戏内画鼻烟壶

高：6.2cm，径：4.5cm

● ○ ○ ○ ○ ○

玻璃鼻烟壶各面有四副条屏分割，一面绘有四个幼儿蹴鞠图，另一面三幼儿蹴鞠，幼儿身体比例准确传神，题款为"岁在壬午年仲冬，叶仲三"。

玻璃胎内画花鸟图鼻烟壶

高：7.85cm，宽：5.15cm

● ○ ○ ○ ○ ○ ○

叶晓峰是名家叶仲三之子，落款"岁在
乙未长冬月叶晓峰于京师"。

冬牧图内画鼻烟壶

高：7.5cm，宽：5.0cm

● ● ○ ○ ○ ○

鼻烟壶两面绘有牧牛图案，题字为
"甲子年冬至月中，周乐元"，画
风古朴。

玻璃内画大吉图鼻烟壶

高：5.4cm，宽 4.6cm

● ● ● ○ ○ ○

八方形黄色玻璃内画壶，一面绘雄鸡
一只，边款"大吉大利"，另一面绘
雄雌鸡一家，并有边款为"岁在壬辰
年，叶仲三"。

圣母圣子像内画玻璃鼻烟壶

高：8.0cm，径：5.0cm

● ● ● ○ ○ ○

长扁圆鼻烟壶内有圣母圣子像，完全采用西洋油画画法，画面精美，特别是圣子表现立体感强，画工一流，为内画鼻烟壶少有品种。背面有古诗一首："向晚意不适，驱车登古原。夕阳无限好，只是近黄昏。"有"壬辰秋月，周乐元"款识。

玻璃内画葫芦形"清明上河图"鼻烟壶

高：7.4cm，下腹径：4.0cm

● ● ○ ○ ○ ○

鼻烟壶内绘有"清明上河图"局部。
画面人物众多，市井、商旅、舟船等
俱全。无款。

玻璃内画葫芦形鼻烟壶

高：4.2cm，下腹径：2.2cm

● ○ ○ ○ ○ ○

超小葫芦形玻璃鼻烟壶，内画为山水、
房室（屋）和垂钓人物。无款。

自由女神内画鼻烟壶

高：7.8cm，宽：5.2cm

● ● ○ ○ ○ ○ ○

鼻烟壶为玻璃胎内画自由女神像，手捧花枝，飞鸟相随，有油画风格，人体构图准确，另一面楷书"恨能导致争端，爱能讳饰全部差错"，并落款"戊午冬日，马少宣"。

参考文献

[1]李久芳. 故宫博物院藏文物珍品大系·鼻烟壶. 商务印书馆（香港），2002.

[2]王冠宇. 鼻烟壶的收藏故事. 故宫出版社，2012.

[3]新加坡华艺国际2014秋季艺术品拍卖会画册，2014.

[4]陈文平. 中国古陶瓷鉴赏. 上海科普出版社，1990.

[5]马毓鸿. 鼻烟壶收藏入门百科. 化学工业出版社，2013.

[6]大成. 鼻烟壶价值考成. 华龄出版社，2006.

致谢

感谢本书在成稿过程中孙海英女士的大量文字整理工作。感谢迈格钠磁动力股份有限公司马忠威董事长，对本书出版的热情资助。

作者谨上

2019 年 9 月